经典名著里的趣味阅读课

封神演义里的秘密

众神归位

布谷童书 编 星筠兔 绘

延边教育出版社
YANBIAN EDUCATION PUBLISHING HOUSE

编　　著：布谷童书
绘　　者：星筠兔
责任编辑：于鸿梅

图书在版编目（ＣＩＰ）数据

封神演义里的秘密.众神归位 / 布谷童书编；星筠
兔绘. -- 延吉：延边教育出版社，2024.5
　　（藏在经典名著里的趣味阅读课）
　　ISBN 978-7-5724-3650-5

Ⅰ.①封… Ⅱ.①布… ②星… Ⅲ.①阅读课—中小
学—教学参考资料 Ⅳ.①G634.333

中国国家版本馆CIP数据核字(2023)第237867号

封神演义里的秘密·众神归位

出版发行：延边教育出版社				
地　　址：吉林省延吉市长白山东路98号（133000）				
北京市海淀区苏州街18号院长远天地4号楼A1座1003（100080）				
电　　话：0433-2913940　010-82608550		网　　址：https://www.ybep.com.cn/		
传　　真：0433-2913971　010-82608856		客　　服：QQ1697636346		
印　　刷：雅迪云印（天津）科技有限公司		开　　本：710毫米×1000毫米　1/16		
印　　张：7.5		字　　数：93千字		
版　　次：2024年5月第 1 版		印　　次：2024年5月第 1 次印刷		
书　　号：ISBN 978-7-5724-3650-5		定　　价：36.00元		

搭建一座桥梁

历史发生在过去，但它和现在紧密相连。我们可以通过历史，了解人类发展的脉络以及万事万物的起源，让自己增长知识，开阔眼界。同时，我们还可以从古人身上学习生存的智慧和为人处世的道理，这对个人的成长也是非常有益的。

而神话是古人对自然界中发生的现象无法解释时，在头脑中幻想出来的，是想象力的产物，人类智慧的结晶。神话中的人物往往具有非同一般的外貌，拥有超乎寻常的力量与威力无穷的宝物，对于想象力丰富、充满好奇心的少年儿童来说，神话具有非凡的吸引力。

那么，如果历史和神话碰撞在一起，会擦出怎样的火花呢？明代的神魔小说《封神演义》为我们提供了一个精彩的答案。

《封神演义》全书共计一百回，主要描写的是武王伐纣的故事。商朝末年，纣王残暴无道，引起天怒人怨。在这样的历史背景下，姜子牙挺身而出，辅佐武王伐纣，展开了一场波澜壮阔的战争。书的前三十回着重写纣王的暴虐，让我们深刻体会到了无道之君的残忍与可恶。而后的七十回则主要叙述了商、周两国的战争。作者在残酷的战争中巧妙融入了大量的神话人物，既有女娲娘娘、姜子牙、哪吒、杨戬等代表正义的"仙"，也有通天教主、申公豹、火灵圣母等代表邪恶的"魔"，还有九尾狐狸精、玉石琵琶精等为代表的"妖"。这些"仙""魔""妖"的加入，使武王伐纣的历史故事变得更加跌宕起伏，充满了戏剧性和传奇色彩，极大地提升了故事的趣味性和可读性。

《封神演义》的魅力远不止于其精彩纷呈的故事情节和栩栩如生的人物刻画，更在于其深刻的思想内涵和不可替代的文化价值。这部作品不仅是中国古代文学的瑰宝，更是中华民族文化宝库中不可或缺的重要组成部分。它以其独特的艺术形式和深邃的思想内涵，跨越时空，影响着一代又一代的读者，成为中华文化传承和发展的重要载体。

在当今社会，我们依然可以从《封神演义》这部古典文学作品中汲取智慧和启示。它告诉我们：仁爱正义、忠诚勇敢是社会的基石，只有坚守这些价值观，我们才能共同创造一个和谐美好的世界。同时，它也提醒我们，要时刻警惕那些破坏社会和谐、损害人民利益的行为和思想，坚决维护社会的公正和正义。

《封神演义》不仅是一部娱乐性极强的小说，更是一部富含深刻内涵的经典之作。通过阅读这部作品，我们可以了解古代社会的风土人情、政治制度等多方面的知识。更重要的是，我们可以从中汲取到正义、勇敢、智慧等品质的力量，激发我们的爱国情感和民族精神。

然而，《封神演义》原著的语言有时艰涩难懂，不符合孩子的阅读习惯。其中的一些血腥残暴场景，也可能超出了孩子的心理承受能力。因此，我们对其进行了适度的改编，力求保持原著的精髓和风格的同时，让语言更加简洁易懂，情节更加紧凑有趣。在改编过程中，我们删除了原著中一些过于复杂和深奥的内容，保留了那些最具代表性、最引人入胜的章节和情节。此外，为了让《封神演义》与"大语文"课堂学习联系更加紧密，我们还特意添加了一些练习题目，帮助小读者巩固所学内容。此外，我们还增设了知识拓展版块，让小读者在阅读的同时，能够积累更多的国学知识，对中国的传统文化有更进一步的了解。

如果说《封神演义》的原著是一片辽阔深邃的大海，那么，我们所做的适度化改编和新增的版块就如同海面上的朵朵浪花，使整个故事变得更加绚丽多彩、趣味盎然。这样的改编不仅能够激发青少年对古典名著的阅读兴趣，还能帮助他们拓宽知识视野，丰富他们的"大语文"知识体系。

阅读这套焕然一新的《封神演义》，孩子们可以跟随姜子牙、武王等英雄人物一起，经历一场场惊心动魄的战争，见证一个个感人至深的故事；可以看到正义如何战胜邪恶，智慧如何战胜愚昧，勇敢如何战胜恐惧，并从中感受到人性的光辉和伟大，体会中国古代文化的博大精深和独特魅力。

学习任何一门知识，都离不开阅读，阅读能力的培养对于少年儿童的成长尤为重要。但面对浩如烟海的书籍世界，孩子们可能会感到无所适从。我们希望用这套书搭建一座桥梁，引导孩子们欢快地步入书籍的殿堂，进而喜欢上阅读、迷上阅读。

希望这套《封神演义》能够成为孩子们成长道路上的良师益友，陪伴他们度过一个充实而美好的阅读时光。

目录

CONTENTS

第三十七回

姜子牙潼关遇痘神

余家父子驻守潼关

过了穿云关，就是潼关。潼关的守将余化龙有五个儿子：余达、余兆、余光、余先、余德。余德是个道士，平时在外面修行，余化龙带着另外四个儿子驻守在潼关，这四个年轻人每人都有一件法宝，个个身手不凡，一出手就给西岐大军来了一个下马威。

余达用撞心杵打死了太鸾（luán），余兆用杏黄幡打死了苏护，苏护的儿子苏全忠前来寻仇，又被余光用梅花标打伤了。

一口气打赢了三场战争，余化龙得意得忘乎所以，带着四个儿子一起出战，要把姜子牙他们一网打尽。姜子牙说："你只是侥幸赢了三场，就以为自己天下无敌了吗？简直是荒谬无知！"

"呸！打了败仗还在这里阴阳怪气。"余化龙把手中的剑高高举起，大声喊道，"将士们，拿下姜子牙重重有赏！"

话音还未落，他的四个儿子便一马当先冲了出去，双方的大军像潮水一样涌向中间，展开了一场激烈的厮杀。

杨戬督粮回来，看见双方打得难分难解，便偷偷祭出哮天犬，在余化龙的脖子上咬了一口。

余德为家人报仇

哪吒见余化龙受伤，急忙甩出乾坤圈，打中余先的肩窝。余家父子五人伤了两个，不敢继续战斗下去，赶紧鸣锣收兵回到了潼关里。

这天，余化龙的小儿子余德恰好回家探亲，看见父亲和哥哥受伤了，急切地问："是谁把你们打成了这样？"

"除了姜子牙，谁还能有这么大的本事！"余化龙一边说一边疼得龇牙咧嘴。余德取出两粒丹药，分别给父亲和哥哥服下，眨眼间，他们身上的伤就痊愈了。

"父亲，哥哥，我去给你们报仇！"余德提着剑怒气冲冲地来到姜子牙阵前，却被哪吒、杨戬、金吒、木吒、李靖围在中间，打得没有还手的机会，不一会儿就被杨戬打伤了。

"哼！用真刀真枪我不是你们的对手，但我自有对付你们的办法。"余德眼珠骨碌碌一转，想到一个邪恶的主意，赶忙借着土遁逃走了。

杨戬惴（zhuì）惴不安地提醒大家："这个人身上笼罩着一层邪气，大家一定要小心提防。"

西岐大军中毒

余德回到府中，余化龙好奇地问他："你怎么这么快就回来了？"

"我想到一个好办法，不用一兵一卒，就能让西岐大军在七天之内死得干干净净。"余德说，"今天晚上，你们都要听我的安排。"

晚上，余德把五个帕子按照青色、黄色、红色、白色、黑色的顺序摆放在地上，然后，兄弟五人每人拿着一个小斗，站在五个帕子上。余德祭起一道符，口中念念有词："叫你抓着洒，你就洒；叫你往下泼，你就泼。不用张弓射箭，七日内死他个干干净净。"

五股轻烟从五个小斗中飘出来，在茫茫夜色中飘向了西岐军的大营。

第二天，姜子牙感觉浑身发热，很不舒服。他以为受了风寒，没有在意。但当士兵们集合的时候，他才发现所有人都浑身发热，脸色通红，无精打采。

"奇怪，怎么一夜之间大家都感染了风寒？"

姜子牙命人准备汤药给大军服下，但根本不管用，相反，大家的症状越来越严重了，不但发热，身上还长满了痘痘，又痒又疼，难受极了。

神农献出丹药

整个军营除了莲花化身的哪吒和那天晚上外出的杨戬，全部病倒了，就连负责做饭的伙头兵也没能幸免。

眼看着时间过了一天又一天，身体虚弱的士兵快要熬不住了。上了年纪的姜子牙也开始变得呼吸困难，杨戬和哪吒急得百爪挠心，却束手无策。但天无绝人之路，在这个危难时刻，杨戬的师父玉鼎真人来了。他看着众人痛苦不堪的样子，无奈地摇摇头说："这是中了极其凶险的毒，我也无能为力。杨戬你赶快去火云洞，找伏羲和神农吧，或许他们会有办法。"

杨戬火速赶往火云洞，把大军的情况告诉了伏羲和神农。伏羲对神农说："这是一种传染性极强的疾病，名叫痘疹。民间没有解药，我们就帮一把吧。""是！"神农把三粒丹药交给杨戬，嘱咐他："给姬发服下一粒，姜子牙服下一粒，剩下的一粒用水化开，泼洒在军营四处，毒气自然就会消了。"

杨戬拿着丹药想到一个问题："民间没有解药，万一以后有人得了痘疹，怎么办呢？"

潼关大捷

神农带着杨戬来到悬崖边，拔了一棵草，"这草名叫升麻，可以治疗痘疹。你把它带回去，让人们栽种，以后就再也不用怕痘疹了。"

杨戬千恩万谢，带着升麻和丹药回到军营中。姜子牙和姬发服下丹药，立刻药到病除。众位将领和六十万大军也很快康复了。

余化龙父子亲眼看见西岐大军全都病倒了，便放松了警惕，每天在府中喝酒取乐，就等着七天以后去给西岐大军收尸。

第八天，父子六人带着大军得意扬扬地来到西岐的军营前一看，顿时傻眼了，西岐大军个个精神抖擞，已经摆好阵势等着他们了。姜子牙一声令下，大军蜂拥而上。众位将领纷纷使出看家本领，没过多久，余化龙的五个儿子全都阵亡了。余化龙急得眼前一黑，悲凉地大喊一声，拔剑自刎了。

姜子牙率领大军进了潼关，杨戬把升麻种在潼关的土地上，从此以后人间又多了一种治病的草药。

龙文化的创造者 —— 伏羲

国学大讲堂

"龙"是中华民族的精神象征，相传，龙就是伏羲创造出来的。伏羲是人类的始祖，他统一了华夏大地上的各个部落，并且根据蟒蛇的身体、鳄鱼的头、雄鹿的角、猛虎的眼睛、红鲤鱼的鳞片、巨蜥的腿、苍鹰的爪子、白鲨的尾巴、长须鲸的胡须，创造出了龙的形象。

不仅如此，伏羲还发明了八卦、古琴、渔网、音乐，制定了婚姻制度，不但提高了人们的生活质量，而且对人类文明的发展做出了不可磨灭的贡献。

神农氏

传说神农氏尝百草，发明了用草药为民众治病的方法；他还制造农具，教百姓如何开垦荒地，如何种植五谷；他开辟了市场，教百姓用自己的物品交换别人的物品；神农氏还以善于用火闻名，因此也被尊为"炎帝"。

📖 互动小·课堂

这个故事中有一句话："但当士兵们集合的时候，他才发现所有人都浑身发热，脸色通红，无精打采。"其中的三个四字词语"浑身发热""脸色通红""无精打采"，并列出现，采用的是"排比"的修辞方法。

排比，就是把意义相近或者相关，结构相同或者相似的词组、句子排列在一起。我们来看几个例句：

1.花园里的花开了，红的似火，粉的似霞，白的似雪。

这句话中，就是把句子中的一部分成分进行了排比。

2.妈妈的手软软的，像丝滑的绸缎；爸爸的手硬硬的，像一把大钳子；我的手白白胖胖的，像刚出锅的馒头。

这段话是三个句子进行排比。

排比不但能够增强语气，还能让文章的节奏更加鲜明，读起来朗朗上口。现在，请你根据提示写一写排比句。

1.操场上热闹极了，同学们有的 ＿＿＿＿＿＿＿＿＿，有的 ＿＿＿＿＿＿＿＿＿，有的 ＿＿＿＿＿＿＿＿＿。

2.春天的风是 ＿＿＿＿＿＿＿＿，夏天的风是 ＿＿＿＿＿＿＿＿，秋天的风是 ＿＿＿＿＿＿＿＿，冬天的风是 ＿＿＿＿＿＿＿＿。

参考答案

1.跳绳，跑步，踢球

2.魔法师，花仙子，画家，手艺精湛的艺术大师

第三十八回

万仙阵鸿钧道人解恩仇

广成子勇闯太极阵

把潼关的事情安顿好以后，姜子牙率领大军准备继续向前出发，不料却被一个极其凶险玄妙的阵法挡住了。姜子牙上前察看，才知道此阵名叫万仙阵，是通天教主摆下的。原来，诛仙阵失败之后通天教主不但没有认识到自己的错误，反而和阐教结下了深仇大恨。他把门人召集在一起，在潼关前面摆下万仙阵，要和阐教决一死战。

既然通天教主下了战书，阐教自然不能袖手旁观了。元始天尊和老子率领阐教弟子来到万仙阵前，老子解释道："万仙阵是由太极阵、两仪阵和四象阵组成的，谁去破了这太极阵？"

"我来！"赤精子走进阵中，但他不是乌云仙的对手，被锤倒在地，危急时刻广成子跳进阵中，救下赤精子。几个回合之后，广成子也被乌云仙的混元锤一锤打倒，他爬起来往西北方向逃去，乌云仙随后追了上来。广成子无可奈何，转过一座山坡，忽然看见准提道人来了。"乌云仙，休要张狂，我来也！"准提道人绕过广成子，挡住乌云仙的去路。乌云仙勃然大怒，举着剑就朝准提道人劈过来。

童子钓金鳌

准提道人一张口，吐出一朵莲花架住了乌云仙的剑。乌云仙怒火冲天，又是一剑砍来，准提道人用拂尘一刷，乌云仙手中的剑就只剩下了剑柄。乌云仙急了，使出浑身力气，举着混元锤打过来，准提道人跳出圈外，微笑着说："童儿，该钓金鳌了。"一个小童子现出身来说："看我的六根清静竹。"只见他把手里的一根竹枝往下一垂，那竹枝就放出异彩光华，将乌云仙裹住。不一会儿乌云仙就现出了原形——一只金须鳌鱼，只见它摇头摆尾地上了钓竿，载着小童子往西方八德池去了。

准提道人来到阵外，对众人说："太极阵中还有一位虬（qiú）首仙。文殊广法天尊，该你啦！"说着，他向文殊广法天尊顶上一指，接着元始天尊把一道幡交给文殊广法天尊，交代说："这道盘古幡，可助你破太极阵。"

文殊广法天尊接过盘古幡，脚踩祥云来到太极阵中。虬首仙祭起一道符，呼啦啦，成千上万把剑从四面八方钻出来，飞向文殊广法天尊。文殊广法天尊周身忽然金光大现，五彩呈祥，现出法身，镇住了太极阵。虬首仙吓得不敢上前，灰溜溜地想要逃走，却被文殊广法天尊用捆妖绳捆住，带去芦篷。广法天尊收了法象，出得阵来。元始天尊令南极仙翁去芦篷下将虬首仙打出了原身，众人才知其原来是一只青毛狮子。元始天尊见状对文殊广法天尊说道："我看这青毛狮子和你有些缘分，就让它做你的坐骑吧。"

二仙喜收坐骑

　　破了太极阵，接下来该破两仪阵了。两仪阵的守阵人是灵牙仙，元始天尊对普贤真人说："你去会会灵牙仙吧。"说完，他把太极符印交给普贤真人。

　　普贤真人走到阵中，对灵牙仙说："你修行多年才有了今天的道行，为什么要前功尽弃呢？快投降吧！"灵牙仙哪里听得进去，他发动雷声，启动两仪阵，想要困住普贤真人。雷声隆隆中，普贤真人忽然全身放出金光，被一层祥瑞彩云罩住，又长出三头六臂，每只手上都拿利器，其中最显眼的是一根降魔杵。原来，普贤真人现出法身，镇住了两仪阵。灵牙仙心里暗暗叫苦："大事不妙了，还是赶紧跑吧。"灵牙仙一跃而起，却被一道绳索捆住，被放置于芦篷下，南极仙翁用三宝玉如意还击数下，灵牙仙现出了原形——一头白象，老子让白象做了普贤真人的坐骑。

众人正在为普贤真人高兴，金光仙从四象
阵中跳出来，挑衅道："你们得意得太早了，
有本事来我的四象阵中，我要你们有来无回！"

"金光仙，休要口出狂言！"慈航道人来到四象阵中现出法身，祭出三宝玉如意，拿下金光仙，带到芦篷前。南极仙翁遵照老子的命令，在金光仙脖子上拍了几下，金光仙现出原形——一只金毛犼（hǒu），成了慈航道人的坐骑。

洪锦夫妇丧命

太极阵、两仪阵、四象阵都被破了，万仙阵摇摇欲坠。通天教主依然不肯服输，率领门人冲到阵前，要和阐教一决雌雄。

此时的通天教主浑身上下被邪气笼罩，目光十分凶恶，好像一个凶神恶煞。

"师弟，"老子说，"回头是岸，现在回头还不晚。"

"休想，谁输谁赢还不一定呢！"通天教主一声令下，拉开了截教和阐教的终极大战。这是神仙与神仙的战争，凡人无法插手。

但洪锦对夫人龙吉公主说："我原本是截教中人，而你是瑶池仙子，这场大战怎么能少得了咱们俩呢？"次日，二人从军阵中冲出来，姜子牙想阻拦，但已经来不及了。夫妻俩大开杀戒，打伤许多截教中的人，心里正高兴，只听啪的一声巨响，龙吉公主被金灵圣母的四象塔打中脑门，从马上跌下来，被截教中的人杀了。洪锦急得大叫一声，来为龙吉公主报仇，又被金灵圣母祭起的龙虎如意打中，夫妻双双殒命。

三粒仙丹化解纷争

这一场大战中，截教的弟子们死伤无数。通天教主愤愤不平，要去师父鸿钧道人面前告状。不料，鸿钧道人自己来了。

"师父，他们仗着人多势众欺负我！"通天教主抢先一步迎上去，倒打一耙。

　　鸿钧道人说："好了，通天！我让你们共同守护封神榜，完成封神大业，可是你听信小人的谗言，大开杀戒，阻碍姜子牙封神。这些祸都是你自己闯下的，你怎么不知悔改，反而倒打一耙呢？"

　　通天教主不说话了，鸿钧道人接着说："一个巴掌拍不响，事情闹到这个地步，你们三个都脱不了干系。为了避免日后再出现这样的争端，我给你们准备了三粒仙丹。这仙丹平时没什么用，但只要你们一争斗，仙丹就会发作，让你们灰飞烟灭。"鸿钧道人摊开手心，老子、元始天尊、通天教主每人拿起一粒仙丹，吃进肚子里。阐教与截教之间的纷争就此结束了。

　　申公豹心术极其不正，因为嫉妒姜子牙，经常在两教之间挑拨离间，是挑起这几场大战的元凶。元始天尊为了惩罚他，把他扔进北海，让他去塞北海眼了。

为什么考中状元叫"独占鳌头"？

"鳌"一般出现在古代的神话传说中，指的是大龟或者大鳖。有人说，女娲炼石补天的时候，鳌用自己的四条腿支住了快要塌下来的天，为天下生灵做出了巨大的贡献。有人说，鳌生活在大海中，背上驮着蓬莱、方丈、瀛洲三座仙山。还有一种说法认为鳌是龙的其中一个儿子。

总而言之，鳌是一种神兽，代表着祥瑞和吉祥。于是，皇宫的宫殿角上或者台阶上都有"鳌"的装饰。科考结束以后，状元到宫中拜见皇帝，要站在刻着"鳌"的那一层台阶上，将鳌头踩在脚下，因此就有了独占鳌头的说法。

华表上的神兽 —— 犼

"犼"也是人们幻想出来的神兽。天安门前有一对华表，每个华表的顶端都蹲着一只石犼，名叫"望帝归"。如果皇帝玩心太大，出去很久还不回来，它们就会呼唤皇帝："快回来处理朝政吧！"而天安门城楼的后面也有两只石犼，名叫"望帝出"。如果皇帝贪恋后宫，荒废朝政，它们就会呼唤皇帝："不要在后宫享乐了，快出来处理朝政吧！"

四象

万仙阵中有一个四象阵，你知道四象是什么意思吗？四象可不是四头大象的意思，而是指的天上的星星。

古人把天上的星星划分为28个区域，即28星宿（xiù）。28星宿再根据方位分为东西南北四组。这四组星星连起来构成的图形很像动物，东边那组像一条龙，称为苍龙或青龙；西边那组像一只猛虎，称为白虎；南边那组像一只大鸟，称为朱雀；北边那组像龟和蛇，称为玄武，这就是四象。

四象对应着四种颜色，东方苍龙对应青色，西方白虎对应白色，南方朱雀对应红色，北方玄武对应黑色。

而中国传统中的方位，和现在正好相反。现在我们看到的地图都是上北、下南、左西、右东，而古代是上南、下北、左东、右西，把这四个方位和四象结合到一起，就是左青龙、右白虎、前朱雀、后玄武。

鸿钧老祖

在《封神演义》中，打得不可开交的元始天尊、通天教主和老子，一见到鸿钧老祖就变得乖乖听话了。那么，鸿钧老祖到底是什么来头呢？

鸿钧老祖是中国神话中的神仙。传说，在盘古开天辟地之前，天地还是一片混沌的时候，鸿钧老祖就已经存在了。也就是说，鸿钧老祖是宇宙中的第一位神仙。他拥有无穷的智慧，道行高深莫测，是智慧、力量、神秘与仁爱的化身。他手中有一把"鸿钧剑"，可以掌控世间万物。因此，他在神话世界中的地位非常高。

潼关位于陕西省渭南市潼关县东北。这里是陕西、山西和河南的交界处，是兵家们争夺的重要军事阵地。清朝时期，乾隆皇帝游览潼关时，对这里的地势、风貌赞叹不已，亲手写下"第一关"三个大字。

1.为加点的字选择正确的读音。

着实（zhuó / zháo）　　坐骑（jì / qí）

2.选择说法正确的两项（　　　）

A.元始天尊是老子的师兄。

B.鸿钧老祖是老子的师兄。

C.元始天尊是老子的师弟。

D.老子是姜子牙的师伯。

3.写出下列人物的坐骑名称。

文殊广法天尊：_____

普贤真人：_____

慈航道人：_____

4.在神话传说中，神仙往往都有一个坐骑。如果让你选一种动物当坐骑，你会选哪种动物？说一说为什么。

_____

参考答案

1.zhuó　qí

2.CD

3.青毛狮子　白象　金毛犼

4.我会选择老虎，因为老虎是百兽之王，非常威风。

第三十九回

邓芮二侯归周主

幽魂白骨幡下四将被擒

　　破了万仙阵以后，西岐大军浩浩荡荡地向临潼关进发。这是五关当中的最后一关了，眼看胜利在望，姜子牙和姬发激动万分。可是万万没想到，临潼关中有一位叫卞吉的小将，虽然年纪不大，却有一道十分厉害的幽魂白骨幡。

幽魂白骨幡是由白骨组成的，有四五丈高。打仗的时候，卞吉把幽魂白骨幡立在两军阵前，然后开始和西岐的将领打斗。打着打着，卞吉便假装失败往幽魂白骨幡下跑，其他人不知道幽魂白骨幡的厉害，跟着追上去，结果，一到幽魂白骨幡底下就会从马上摔下来。黄飞虎和他的部下黄明以及南宫适都这样被捉住了。雷震子上前对战时，也被幽魂白骨幡周围的妖气所伤，被捉住了。

卞吉得意忘形，又来叫阵，哪吒气得咬牙切齿，脚蹬风火轮冲上前来。卞吉故技重施，转身又要往幽魂白骨幡下跑，但哪吒眼疾手快，一乾坤圈差点儿把卞吉从马上打下来。卞吉大吃一惊，连忙逃进临潼关中。

欧阳淳见卞吉受伤了，亲自杀上阵来。李靖、周纪、周公旦等人一拥而上，杀得欧阳淳只有招架之功，没有还手之力，赶紧找机会逃走了。

邓昆、芮吉归顺西岐

"哎呀，西岐的将领个个如狼似虎，如今卞吉受伤了，凭我一个人的力量恐怕守不住临潼关的。"欧阳淳越想心里越不踏实，赶忙写奏折向纣王要救兵。

这一次，纣王终于着急了，对大臣们说："姜子牙已经过了四关，我们绝不能坐以待毙。众位爱卿，谁愿意赶往临潼关，击退反贼！"

上大夫李通说："臣保举邓昆和芮吉，这两人忠君爱国，本领非凡，一定会马到成功。"

纣王听得心花怒放，忙宣邓昆和芮吉进殿，亲自设宴招待他们，朝中的老臣也对他们寄予厚望。然而，纣王不知道，邓昆是黄飞虎的亲戚。他到了临潼关以后，听说黄飞虎被抓了，心里非常着急。并且，他知道商纣的气数将近，有心想归服西岐，但他不知道芮吉是怎样想的，只能先把想法藏在心里，承担起临潼关大将军的职责，和姜子牙他们开战。

但一上战场，邓昆就被哪吒的三头八臂吓怕了，急匆匆地结束战斗，喝起了闷酒。

其实，芮吉也有归顺西岐的想法，但他不知道邓昆是怎样想的，只能暗中观察。第二天，芮吉看出邓昆和自己的想法是一样的，心里非常高兴。晚上，芮吉和邓昆在一起喝酒，几杯酒下肚以后，两人都把想要归顺西岐的心里话说了出来。二人会心一笑，商量起投降的事来。不知不觉到了半夜，两人越说越起劲。忽然，土行孙从地下钻出来，把他们吓得魂飞魄散。

"二位将军别害怕，"土行孙说，"我是西岐的督粮官土行孙，姜元帅担心黄飞虎他们的安危，派我过来看看。我听见了二位刚才说的话，内心十分激动，就擅自闯进来了。"

邓昆和芮吉目瞪口呆地看着土行孙，不约而同地在心里说："我的天啊，西岐的能人异士太多了，看来投降这条路走对了。"

土行孙让二人给姜子牙写了一封信，带回军营中。姜子牙看了激动得连觉都睡不着了。只是，卞吉的幽魂白骨幡立在两军阵前，要是不除掉它，西岐大军根本过不去。邓昆和芮吉初来乍到，能想到这一点吗？

事实证明，姜子牙多虑了。土行孙一走，邓昆和芮吉就商量起幽魂白骨幡的事来。

邓昆、芮吉设计骗卞吉

第二天，邓昆、芮吉、卞吉、欧阳淳一起来到阵前，邓昆看着幽魂白骨幡对卞吉说："我们是朝廷派来的正规军，打仗凭的是真本事，不能使用旁门左道。况且，我听说除了你以外，任何人都不能靠近幽魂幡，那我们怎么过去打仗呢？快把这幽魂白骨幡拿走。"幽魂白骨幡是卞吉的制胜法宝，他怎么舍得撤下呢，"将军，"卞吉把邓昆、芮吉、欧阳淳拉到旁边，压低声音说，"没了这幡，就打不赢姜子牙了。但你们不必着急，我自有办法让你们在幽魂白骨幡下行动自如。"卞吉画了三道符，让邓昆、芮吉、欧阳淳藏在身上。

四个人杀到阵中，果然安然无恙地过了幽魂白骨幡。武吉和黄飞虎的弟弟见敌人杀了过来，冲上去和他们对战，打了几个回合，卞吉冲邓昆、芮吉、欧阳淳使了个眼色，四个人转身就往回逃。不过，这一次他们失算了，武吉他们早就知道卞吉的伎俩了，怎么还会傻乎乎地追上去呢？

这一仗没有打出胜负来，但姜子牙看出了门道。"以前只有卞吉一个人能过了幽魂白骨幡，现在怎么他们四个人都能安然无恙地过去了？莫非这幡有破解的法子？"姜子牙让土行孙晚上潜入临潼关去找邓昆和芮吉，土行孙依令而行，很快就带着卞吉画的符回来了。姜子牙惊喜万分，依样画葫芦，连夜给每位将领和士兵都画了一样的符，让他们藏在身上。

第二天，姜子牙率军叫阵。邓昆和芮吉命令卞吉出战，卞吉迎战一番，寻机逃往白骨幡下，不料西岐大军竟安然无恙地过了幽魂白骨幡，呼喊着扑上来。卞吉顿时吓傻了，转身逃进关中。但他的气还没喘匀，邓昆大喝一声："卞吉！你的幽魂白骨幡不是一直很厉害吗？怎么在关键时刻不灵了？我看是你在幡上动了手脚，要把姜子牙他们引进来。来人，把卞吉拉下去砍了！"

卞吉的嘴巴张得老大，还没反应过来，就被刽子手推出帅府把脑袋砍下来了。邓昆和芮吉又杀死欧阳淳，放出黄飞虎他们，打开城门欢天喜地地把西岐大军迎了进去。

单姓和复姓

我们的名字都是由"姓氏"和"名字"构成的。大多数人的姓氏只有一个字，如赵、钱、孙、李、王、张等，这些都是单姓。但有一些姓氏是由两个或者两个以上的字构成的，这种姓氏叫作复姓，比如故事中的"欧阳淳"，"欧阳"就是一个复姓。

复姓的来源各不相同，有的来自古代封地的名字，比如欧阳、令狐、羊舍；有些来自官名，比如司马、太史；有的来自居住的地方，比如东郭、南郭；有的来自职业名称，比如漆雕；有些来自少数民族，比如拓跋、尉迟；还有一些人直接把古人的名字当作姓氏，比如公羊、颛（zhuān）孙。

汉字"昆"

看看"昆"的字形，你能想到一幅什么样的画面？

古人认为，上面的"日"是太阳，下面的"比"是肩并肩的两个人。因此"昆"的本义是两个人肩并着肩在太阳底下劳动呢。而能并肩一起劳动的，一般都是关系十分亲密的兄弟，于是"昆"就是哥哥的意思。"昆仲"指的就是兄弟，昆是哥哥，仲是弟弟。

将和帅

　　将和帅都是军队中的将领，但他们的职责和地位是不一样的。帅是军队中职位最高的指挥官，要全盘把握战争形势，并根据局势发展指挥战斗。而将是将军的意思，将军要在帅下达命令以后率兵打仗。也就是说，帅的职位和军事才能都要比将高一个层次。因此谚语说"百将易得，一帅难求"。

你知道吗？

　　古时候，君主会把自己宠信的大臣称作"爱卿"。这里的"卿"原本是古代的高官的名称，后来皇帝把和自己关系比较亲近的大臣称为卿，并在"卿"字前面加上大臣的姓，比如王卿、刘卿。而爱卿则表示皇帝对大臣的敬重和亲近之情。

1.这一次纣王为什么答应派救兵了?(　　　)

A.因为他受到大臣的责骂,认识到了自己的错误。

B.因为妲己让他派兵。

C.因为他良心发现,要奋发图强了。

D.因为姜子牙和姬发已经攻下了四关,临潼关要是守不住,他的江山就保不住了。

2. 联系上下文,写出下列词语的意思。

故技重施 _____

动手脚 _____

3.卞吉为什么总是打着打着就假装逃走?

_____

_____

4.当邓昆要把卞吉推出去斩首的时候,卞吉的心情是什么样的?请用一句话简单描述一下。

_____

_____

5.故事中出现了许多包含数字的成语,如:激动万分、会心一笑,你能再写出五个包含数字的成语吗?

_____

_____

互动小课堂

1.D

2.同样的手段再次使用；为了达到目的暗中采取行动。

3.因为他想把敌人引到幽魂幡下面使之失去战斗能力。

4.卞吉震惊万分，不敢相信眼前发生的一切。

5.一心一意、十全十美、五花八门、四平八稳、七上八下（答案不唯一）

第四十回

土行孙夫妻阵亡

张奎夫妇连杀七将

在邓昆、芮吉的帮助下，西岐大军顺利拿下了临潼关。但战争还没有结束，相反，越是逼近朝歌，战争就越加残酷。

这天，姜子牙率领大军来到了渑（miǎn）池县。本以为有重兵把守的五关都已经拿下来，拿下一个小小的县城是小菜一碟，谁知结果让所有人大吃一惊。

渑池县的总兵名叫张奎，他和夫人高兰英都身怀绝技。张奎的坐骑名叫"独角乌烟兽"，有瞬移的本领，眨眼之间就能赶到敌人身后，比闪电还要快。而张奎的夫人高兰英有一个红葫芦，里面装着四十九根太阳神针，专射人眼睛，十分厉害。

他们夫妻二人联手，杀了武王的两个弟弟。北伯侯崇黑虎和崔英、

蒋雄、文聘前来助阵，也先后阵亡了。最让人痛心的是，武成王黄飞虎也死在了他们的手上。姬发、姜子牙，还有各位将领心如刀绞，恨不得把张奎夫妇大卸八块。但张奎的"独角乌烟兽"速度实在太快，让人根本来不及防备，必须先除掉它。

杨戬把拳头握得咯咯响，恨恨地说："我想到了一个办法。"

杨戬用计逗张奎

　　杨戬来到阵前，和张奎打斗了几个回合，故意露出破绽让张奎捉住。张奎不知道这是杨戬的计谋，把他带到府中吩咐道："把杨戬推出去斩首！"手下把杨戬推出门外，不一会儿就提着杨戬的头回来复命。张奎正得意呢，负责养马的小吏惊慌失措地跑过来，"将军，大事不好了。不知道怎么回事，独角乌烟兽刚才还好好的，脑袋突然就掉下来了。""什么？！"张奎惊得瞬间站了起来。

　　这时，守门的将领又来禀报："将军，杨戬在门外叫阵。"

　　"杨戬？他不是死了吗？怎么……"张奎猛地一拍脑门，"我知道了！是他用障眼法杀了我的独角乌烟兽，我要把他碎尸万段！"

　　张奎发疯似地冲出来。这一次杨戬又假装失败，被张奎抓住了。为了防止杨戬再次使诈，高兰英先把黑狗血浇在他的脑袋上，又在他身上贴一道符镇着。料想这次杨戬再也逃不掉了，高兰英亲自砍下了杨戬的脑袋。但夫妻俩做梦也想不到，杨戬又来了一招偷梁换柱，高兰英砍的根本不是杨戬，而是自己的婆婆，张奎的母亲。

张奎夜袭周营

　　这样的深仇大恨，张奎怎么能忍？！他骑着马杀气腾腾地冲到阵前，哪吒见他来者不善，蹬着风火轮冲出来，祭起九龙神火罩，把张奎困在里面。九龙神火罩里燃起熊熊大火，片刻之后大火熄灭，里面留下了一堆灰烬。哪吒高兴地对姜子牙说："师叔，张奎已经被烧成灰了。"众人长长地松了一口气，准备第二天攻取城池。但大家不知道，被烧成灰的其实是张奎的坐骑，他和土行孙一样，也会地行术，早就钻地逃之夭夭了。

　　半夜三更，杨任在外面巡逻，忽然他看见了地底下拎着大刀的张奎。原来他的两只眼睛与普通人的不同，上能看天庭，下可观地底。

"张奎！来人，有刺客！"杨任大叫一声。张奎没想到自己在地底下也会被发现，先是吃了一惊，后来仔细一想，藏身在地底下，就算被发现了，他们也无计可施，不如找准机会快速取了姜子牙的性命。于是他继续拎着大刀往姜子牙的卧房地底下冲去。

杨任大声呼叫，把全营军士都惊醒过来，大家齐心防备，张奎待在地底，一直找不到机会，只好先放弃，回自己的大营去了。

张奎不是被哪吒烧成灰了吗？怎么还能来刺杀姜子牙？众人都疑惑不解。

土行孙追赶张奎

直到第二天出阵，杨戬亲眼看到张奎把身子一扭，钻入土中消失不见，这才恍然大悟：原来张奎和土行孙一样，也会地行术。

土行孙督粮回来，发现黄飞虎没在营中，觉得十分奇怪。哪吒叹了口气说："唉，黄将军被渑池县总兵张奎杀了。你有所不知，这个张奎竟然和你一样，会地行术。""哦？还有这样的事？我去会会他。"

土行孙前来叫阵，张奎见他身材矮小，没放在心上。但哪吒和杨戬都跑来帮助土行孙，张奎害怕了，急忙往土里一钻不见了。

土行孙吃惊不已，也钻进土里去追张奎。张奎发现土行孙也会土行之术，跑得更快了。土行孙在后面紧追不舍。但可惜的是，张奎一天能跑一千五百里，而土行孙一天只能跑一千里，渐渐地，土行孙就追不上了，只能垂头丧气地回到军营中。

姜子牙踱着步子，忽然想到一个好主意："土行孙，当年你师父捉拿你的时候，曾经用指地成钢法把你捉住，这个法子对张奎一定也有用。""师叔说得有道理，我马上去夹龙山找师父帮忙。"土行孙告别众人，往夹龙山的方向走去。

土行孙夫妻阵亡

张奎回到府中，正在琢磨土行孙，门前的旗子忽然"咔吧"一声折断了。高兰英觉得这是不祥之兆，赶忙卜了一卦，"大事不妙，土行孙去夹龙山找他师父了。他师父有指地成钢术，专门对付你。赶快去拦住他。"张奎大惊失色，钻进地下往夹龙山的方向追了过去。

这天，土行孙来到夹龙山脚下，一想到马上就要打败张奎了，心里十分得意，压根儿没有防备，被张奎突然从巨石后面跳出来，手起刀落，砍掉了脑袋。

土行孙遇害的消息传到西岐军营，邓婵玉泣不成声，要去为土行孙报仇。姜子牙："张奎夫妇的本领我们都已经见识过了，千万不要轻举妄动。"可邓婵玉报仇心切，哪里听得进去啊！她不顾姜子牙的阻拦，骑着马冲了出去。

高兰英之前曾被邓婵玉的五光石打脸，一看报仇的机会就在眼前，立即祭出了红葫芦，四十九根太阳神针一下就射中了邓婵玉的眼睛。邓婵玉两眼一抹黑，被高兰英手起刀落，斩于马下。这一对在战场上相遇的夫妻双双阵亡，让人感慨万分。

神秘数字 —— 四十九

在古文中或者具有古典色彩的影视剧中，经常出现一个数字——四十九。比如，太上老君炼丹用七七四十九天。《封神演义》中，张奎的夫人高兰英射出的太阳神针是四十九根；云中子的通天神火柱，每根里面有四十九条火龙。为什么古人如此喜欢"四十九"呢？

实际上这是一个乘法题，答案就是因为七七四十九。古人认为七天是一个周期，万事万物到了七天，就会发生变化，而七个周期以后，就会发生脱胎换骨的变化。因此，古人给七七四十九赋予了很多意义，比如人去世以后经过七七四十九天，灵魂才会彻底离去。修行的人认为七七四十九是一个关口，度过这个关口才能更上一层楼。

张飞吃豆芽 —— 小菜一碟

张飞是三国时期蜀汉的著名将领。他在追随刘备之前，是一个屠夫，在街上杀猪卖肉，性格大大咧咧的，不拘小节。张飞平时喜欢大口吃肉，大口喝酒，一大盘子肉，他眨眼间就能吃得干干净净。既然如此，那么一大盘豆芽对于他来说，简直就是一碟小菜，于是便有了"张飞吃豆芽——小菜一碟"这个歇后语，形容事情对于某人来说是微不足道的，非常容易。

偷梁换柱

偷梁换柱是"三十六计"中的第二十五计，指用暗中偷换的方法蒙混敌人，达到自己的目的。

公元前210年，秦始皇在南巡的路上忽然生病了，他知道自己这次病得很严重，没有康复的希望了，便让宦官赵高写一份诏书，要让太子扶苏继位。秦始皇原本是想让丞相李斯保管这份诏书，等他去世以后再把诏书拿出来当众宣布。可这个时候赵高冒出一个大胆的想法：扶持扶苏的弟弟胡亥继位，好巩固自己在宫中的地位。于是，他把诏书藏起来，没有交给李斯。

秦始皇去世以后，赵高对李斯说："你真的想让扶苏当皇帝吗？他要是当上皇帝，你这个丞相的位子恐怕就保不住了。不如我们来一个偷梁换柱，把诏书上的内容改一改，让二殿下胡亥继位。胡亥是我们扶持上去的，日后一定不会亏待我们。"李斯权衡了一下利弊，最后答应了。

于是，他们把秦始皇去世的消息隐藏起来。扶苏之前曾经顶撞过秦始皇，李斯和赵高就以这件事为由，以秦始皇的名义给扶苏写了一封信指责他，并让他自杀谢罪。扶苏不知道这是李斯他们的诡计，真的自杀了。

之后李斯和赵高拥立胡亥继位，成为秦朝的第二个皇帝，历史上称为"秦二世"。

你知道吗？

古人喜欢用"日行千里"形容速度极快，1000里是500公里，即500千米。如果一天24小时不停歇，那么每小时的速度大约是20.8千米，和电动自行车的速度不相上下。现在你知道土行孙和张奎跑得有多快了吧。

一篇文章的结尾，就像是一条"尾巴"。"尾巴"漂亮，整篇文章就会让人眼前一亮。"尾巴"不好看，那么整篇文章的水准也会下降。所以，文章的"结尾"非常重要。当然啦，"结尾"的写作是有方法，有依据的。比如《土行孙夫妻阵亡》的故事中的最后一句话是"这一对在战场上相遇的夫妻双双阵亡，让人感慨万分"。作者用这句话作为结尾，点明了题意。这种方法就是点题式结尾法。

点题式结尾法，不光能点题，而且还能使主题得到升华。因此，这种方法在写作中使用得非常广泛。现在就来练一练"点题式结尾法"吧！

作文课上，三（1）班的同学以"最后悔的一件事"为题写作文。请你分辨一下，下列哪位同学写的结尾采用的是"点题式结尾法"。

张浩然：王奶奶收到我亲手做的花瓶以后，脸上露出了满意的笑容。压在我心上的大石头终于落地了。

王诗琪：这是我最后悔的一件事。也许弟弟早已经不记得了，但这件事却深深地留在我的心底，叫人无法忘怀。

赵璐瑶：阳光暖暖地照在身上，我的心里也跟着亮堂起来了。

参考答案

王诗琪用的是点题式结尾法。

第四十一回

武王白鱼跃龙舟

惧留孙书信献计谋

一个小小的渑池县，让西岐接连损失了这么多员大将。姜子牙怒气冲天，率领大军把渑池县城围了个水泄不通。这下可把渑池县总兵张奎和夫人高兰英吓坏了，他们虽然有些本事，但本事再大也抵不过千军万马呀！无奈，他们只好一面派人去朝歌求救兵，一面死守。

姜子牙带兵攻了好几天，没有丝毫进展，而张奎又不肯出来应战，一直这样拖下去会耽误孟津会盟。姜子牙正在着急，土行孙的师父惧留孙派人送来一封信，和信一起送来的，还有一道符。

信中说："土行孙已死，我悲痛万分。我这里有一道符可以把土地变成钢筋铁板。你让杨戬拿着这道符在黄河边等着，再使用调虎离山之计把张奎引到河边，定能为死去的将士们报仇雪恨。"

姜子牙感激万分，按照惧留孙说的方法，兵分四路。哪吒和雷震子准备攻城，杨戬拿着符到黄河边等着，杨任和韦护悄悄跟着张奎，拼命地把他往黄河那边赶。姜子牙和姬发则负责引诱张奎出城。

哪吒和雷震子率兵攻城

安排妥当以后，姜子牙让姬发穿上鲜艳的红色战袍。两个人在城外一边走，一边对着城墙指指点点，好像领导在视察。在城墙上巡逻的士兵把这个消息禀告张奎，张奎登上城墙往下一看，顿时气得火冒三丈:"渑池城还没有攻下来,他们就把这儿当成是自己的地盘了,简直欺人太甚!"张奎让高兰英继续守城,自己骑着马冲出来。大门一开,姜子牙立刻保护着姬发往西边跑去,眨眼间就没影儿了。张奎把身子一扭钻到地下追了过去。

张奎前脚刚走,哪吒和雷震子就率领大军攻了过来。高兰英惊慌失措地拿出红葫芦要放太阳神针,哪吒早有防备,用乾坤圈打中了高兰英的脑门,高兰英应声倒地,哪吒飞奔过去又补了一枪,了结了高兰英的性命。高兰英一死,渑池县的士兵们顿时傻了眼,乖乖地缴械投降。

张奎跑着跑着,忽然听见身后传来喊杀声和炮火声,他回头一看雷震子正在城墙上调兵遣将呢,心里"咯噔"一下,"城池已经失守,夫人恐怕已经遭遇不测,我还是去朝歌搬救兵吧!"

张奎命归西天

然而，杨任手上的两个眼睛把张奎在地下的情况看得一清二楚，杨任对韦护说："你看着我的手，神光往哪边指，你就往哪边去。"韦护点点头。杨任骑着云霞兽，手里的眼睛放出神光，指引着韦护。张奎不知道地上有两个人在追，忽然杨任大叫一声："张奎，哪里跑！"那个声音就在张奎的头顶上，张奎吓了一跳，心知不妙，赶紧加速快跑。可是，他往左边跑，左边的路就被韦护用降魔杵镇住。他往右边跑，右边的路就被韦护的降魔杵镇住，他只能躲着降魔杵往前跑。

杨任和韦护配合默契，一步一步地把张奎逼到了黄河边。

听见哗哗的水声，张奎十分纳闷："我怎么跑到黄河边来了？"

这时，一个熟悉的声音在头顶响起来："张奎，今天就让你命丧黄河边。"

"杨戬！不好，有埋伏！"张奎转

身要逃，却发现四周根本钻不动，急得浑身直冒汗。原来，杨戬把惧留孙的符用三昧真火烧了，黄河边的地瞬间成了钢筋铁板。

这时，杨任用手往地上一指，韦护举起降魔杵打下去，一下就让张奎灰飞烟灭了。

西周大军借船过河

渑池一战，虽然打得十分艰难，但总算大获全胜，也为死去的将士们报了仇。西岐大军扬眉吐气，意气风发地来到黄河边准备过河。可是黄河波涛汹涌、气吞山河，他们一艘船也没有，怎么过去呢？

姜子牙望着气势磅礴的河水，想到一个好主意："俗话说，靠山吃山靠水吃水，黄河边的老百姓家中一定有船。我们借船过河。"姜子牙派人在附近的村子里发出布告，布告上说西岐大军想要借船过河，每艘船给五钱银子，如果有人愿意做船夫，除了供应饭食以外，还会另外给钱。

眼下正是隆冬时节，百姓们正愁没有钱过活呢，看到布告纷纷献出了自己家的船，会划船的人也争先恐后地来应征了。

民船凑够之后，姜子牙又专门为姬发准备了一艘龙船。几十万大军上了船，姜子牙一声令下："出发！"船队在河面上乘风破浪，向对面驶去。

走到半路忽然刮起了大风，船随着波浪上下起伏，坐在船舱里的姬发感到非常不舒服。

白鱼入龙舟

"相父，这龙船怎么晃得这么厉害？我的胃里翻江倒海，难受极了。把舱门打开让我透透气吧。"

"遵命!"姜子牙推开舱门,这时龙船前面出现了一个旋涡。旋涡飞速旋转着,忽然,一道白光从里面蹿出来,落到甲板上,发出"啪"的一声响。姜子牙和姬发定睛一看,竟然是一条白色的大鱼。大鱼在甲板上一下一下地跳着,每跳一下都有四五尺高。姬发看得心惊胆战,问姜子牙:"相父,白鱼跳进龙舟,是凶还是吉?"

"恭喜大王,这是大吉啊!"姜子牙激动得两眼放光,"白鱼入王舟,这是老天爷在告诉我们,商纣即将灭亡,大王您很快就能坐拥天下了。"姬发听了非常高兴。

姜子牙命人把白鱼做成美味大餐,大家美美地吃了一顿,顺顺利利地渡过黄河,来到孟津。早已经在孟津等候的诸侯们热热闹闹地来迎接了他们,姬发和姜子牙穿戴整齐,骑着高头大马穿过人群,身后的将领个个精神抖擞,要多气派有多气派。

国学大讲堂

调虎离山

东汉末年，17岁的孙策准备夺取庐江郡。然而占据着庐江郡的刘勋势力非常强大，如果强攻，胜算不大。于是，孙策派人给刘勋送礼，主动向他示好，并对他说："上缭是个好地方，您这么英明神武，用兵如神，为什么不把它据为己有呢？"刘勋被孙策的甜言蜜语捧上了天，不顾属下的劝阻，真的率领大军去攻打上缭了。结果，他一走，孙策就端了刘勋的老窝，轻轻松松拿下了庐江郡。

孙策使用的这一招，就是"调虎离山"。调虎离山比喻用计使对方离开原来的地方，好乘机行事。

最古老的钱币

我们现在有纸币、硬币，还有数字币。然而古人最早使用的钱币是贝壳，当人们想要购买什么东西的时候，就会掏出贝壳。这是因为贝壳都是一个一个的，而且体积很小，既便于携带又方便计数。除此以外，贝壳还坚固结实，不容易损坏。

正因为"贝壳"有这样的特殊身份，所以和钱财有关的汉字，基本上都含有"贝"字，比如"财""货""贩""购"等。

最古老的钱币

白鱼的象征意义

你知道为什么跳进姬发龙舟里的鱼是白色的，而不是红色或者其他颜色的吗？这里面可是有讲究的哦！

我们都知道，白色象征纯洁和高贵，而鱼象征财富、吉祥和长寿。因此，白色的鱼被看作是一种吉祥尊贵的象征。《封神演义》中，白色的鱼跳进姬发的龙舟里，预示着伐纣一定会成功，姬发将会成为天下最尊贵的君主，给天下人带来富贵和吉祥。

现在人们依然喜欢把白色的鱼当作珍贵的礼物，送给自己尊敬的人，表示一种美好的祝福。

黄河

　　黄河是中国的母亲河，也是中国境内的第二长河，世界第五长河。黄河发源于青藏高原巴颜喀拉山脉雅拉达泽山，从西向东流经9个省（自治区），最后进入渤海，全长约5464千米，从地图上看，像一个大大的"几"字。

　　黄河要流经我国的黄土高原地区，每年都要夹带十几亿吨泥沙，河水看上去都变成黄色的了，因此得名黄河。

　　黄河是中华文化的重要发源地之一，早在6000多年以前，我们的祖先就已经开始在黄河流域繁衍生息了。这里诞生过许多精彩感人的历史故事和神话传说故事，比如鲤鱼跳龙门、大禹治水、李闯王渡黄河等。

黄河磅礴不息、波浪滚滚的气势，也吸引着文人墨客们纷纷来打卡，留下了"黄河远上白云间，一片孤城万仞山""白日依山尽，黄河入海流""黄河之水天上来，奔流到海不复回"等千古名句，为中华文化添上了浓墨重彩的一笔。

你知道吗？

　　长江是中国的第一长河，世界第三长河，从唐古拉山脉向东经过 11 个省、自治区，最后流入东海，全长 6300 千米。世界第一长河是尼罗河，全长约 6671 千米，世界第二长河是亚马孙河，全长约 6480 千米。

1.（判断题）"旋涡"中的"旋"读音是"xuán"。（　）

2. 为下列加点词语注音。

气势磅礴：＿＿＿＿＿＿＿＿＿＿＿＿

降魔杵：＿＿＿＿＿＿＿＿＿＿＿＿

3. 姜子牙为什么让姬发穿上红色的战袍在城外走动？

＿＿＿＿＿＿＿＿＿＿＿＿＿＿＿＿＿＿＿＿＿

＿＿＿＿＿＿＿＿＿＿＿＿＿＿＿＿＿＿＿＿＿

4. 姜子牙没有白白征用老百姓的船，而是付给他们一定的钱，帮他们度过生活上的困难。通过这件事，你认为姜子牙是一个什么样的人？

＿＿＿＿＿＿＿＿＿＿＿＿＿＿＿＿＿＿＿＿＿

＿＿＿＿＿＿＿＿＿＿＿＿＿＿＿＿＿＿＿＿＿

参考答案

1. √

2. páng bó，chǔ

3. 为了激怒张奎，引他出城。

4. 姜子牙是一个心地善良、体恤百姓的人。

第四十二回

杨戬智斗千里眼顺风耳

桃精柳鬼来叫阵

姜子牙率领大军过了黄河来到孟津，和各路诸侯汇合，形成了一股讨伐纣王的强大力量。但纣王可不会乖乖地束手就擒，早在姜子牙他们攻打渑池县的时候，纣王就下令招揽人才，很快就有三个人前来应征。确切地说，他们不是人，而是三个妖精：一个白猿精，名叫袁洪；一个蜈蚣精，名叫吴龙；还有一个蛇精，名叫常昊。

这三个妖精化成人形来到孟津，与姜子牙他们开战。哪吒上前迎战，但他的九龙神火罩和杨任的五火神焰扇对他们竟然一点儿作用也没有，这可让姜子牙他们发了愁。然而，这个大麻烦还没解决，又来了一个大麻烦。

这天，袁洪的军营中来了两个人，一个叫高明，是个桃精；一个叫高觉，是柳鬼。他们也是看到纣王招贤的榜文前来应征，被纣王派到孟津来的。

高明和高觉一起来到阵前，天上立刻刮起了一阵阴风，黑压压的乌云遮住太阳，让人的心也跟着阴沉沉的，精气神顿时少了一半。

五将大战五妖

"哪里来的妖怪？吃我一枪。"哪吒唤出三头八臂，把乾坤圈对准高觉扔了出去。"当"的一声闷响，乾坤圈打在高觉的脑门上，直打得金光四散。哪吒乘胜追击，又用九龙神火罩把高明烧成了灰烬。

"师叔，这两个人也没有多厉害嘛！"哪吒自豪地在姜子牙面前炫耀起来，姜子牙也非常开心。

可是到了第二天，高明和高觉又来叫阵了。原来他们也不怕哪吒的乾坤圈和九龙神火罩。"姜子牙，"高明和高觉狂妄地喊道，"你们过关斩将走到现在不是因为你们有多厉害，而是因为没碰见我们哥儿俩。要是早一点儿碰见我们俩，你们早就见阎王了。"

他们嚣张的样子，点燃了西岐将领们心中的怒火。大家纷纷上阵，祭出自己的法宝。在城墙上观战的袁洪、吴龙和常昊看见了，也火速加入战斗中。

可是，不管是李靖的黄金塔、杨任的五火神焰扇，还是杨戬的
哮天犬、雷震子的黄金棍、韦护的降魔杵，都对这五个人起不到一丁
点儿作用。

姜子牙看得心里直窝火，闷闷不乐地鸣金收兵了。

姜子牙的计划失败

回到军营后，姜子牙苦思冥想，终于想到了一个除掉高
明和高觉的办法。他布了一个阵，让李靖、雷震子、哪吒、
杨任分别站在东、南、西、北四个方位，每个人准备
一根沾满黑狗血的桃木桩，钉在自己所站的位置。
又让韦护准备一盆黑狗血藏在暗处，找机会泼

在高明和高觉头上。而杨戬的任务是往桃木桩上发功助力。

大家连夜做好准备，第二天，姜子牙上前叫阵，不一会儿高明和高觉出来了。他们一见到姜子牙就嘲笑道："姜子牙，你打不过我们就乖乖认输，怎么还用桃木桩、黑狗血这样的旁门左道？你以为这些就能对付得了我们吗？"

姜子牙大吃一惊，心想："仗还没开始打，他们怎么知道桃木桩和黑狗血的事，难道有人通风报信？"

姜子牙正在纳闷，高明和高觉已经扑上来了。姜子牙转身进入阵中，高明和高觉追了过去。李靖、雷震子、哪吒、杨任一起发功，阵中射出一道道闪电，劈在高明和高觉身上，韦护见状又把一盆黑狗血倒在他们身上，可是这二人毫发无伤，又化作两道青光消失不见了。

杨戬智除千里眼、顺风耳

又白忙活一场，姜子牙郁闷极了。他怎么也想不通高明和高觉为什么会提前知道他们的计划。杨戬十分机灵，什么也不说，悄悄跑到金霞洞中去请教师父玉鼎真人了。玉鼎真人说："高明和高觉是棋盘山上的桃精、柳鬼，借了轩辕庙中千里眼、顺风耳的灵气，一个能目视千里，一个能耳听千里。想除掉他们，要挖出他们的根，打碎千里眼、顺风耳的塑像。"

杨戬喜出望外，赶紧回到军营中。他让三军士兵手拿着红旗不停地挥舞，一千名士兵敲鼓鸣锣，然后才把师父的话一字不落地告诉了姜子牙。

高明想看看姜子牙他们有什么新动向，睁大眼睛往西岐军营这边瞧，却只看见满营的红旗招展，晃得他眼都花了，却什么也没看着。

高觉不知道是怎么回事，竖起耳朵探听姜子牙他们的消息，却被西岐军营的锣鼓声震得耳朵都快聋了，什么也没探听到。

　　姜子牙按玉鼎真人教的方法，派人到棋盘山上找到高明和高觉的原身，挖出他们的根，一把火烧掉了。又让人把轩辕庙中千里眼、顺风耳两尊塑像打得粉碎。

　　高明和高觉失去了神功，对姜子牙恨之入骨。此时，袁洪也已失去耐心，他们决定晚上突袭西岐大营。但他们不知道，姜子牙早就算出来了。

　　二更时分，姜子牙来到台上作法。这时，高明和高觉带兵冲了进来，可他们还没站稳脚跟，就被杨戬、哪吒、李靖、雷震子、韦护、杨任围在中间，不能脱身。这时，姜子牙祭起打神鞭，啪啪两声，打得高明和高觉脑浆迸裂，倒在血泊中。

袁洪、吴龙、常昊带兵来接应，杨任冲上前去，想用五火神焰扇对付袁洪，却被袁洪一棍打死了。

杨戬看出袁洪他们三人身上都有一团妖气，认定他们也是妖精，便去终南山玉柱洞向云中子借来了照妖鉴。他知道了常昊和吴龙的原形后，变作长着翅膀的大蜈蚣和大金鸡，顺利将两怪除去。狡猾的袁洪趁乱逃回了军营中，把桌子拍得啪啪响，发誓一定要给吴龙和常昊报仇雪恨。

一更二更是几点钟?

古时候没有钟表。白天，人们通过太阳的位置判断大概的时间，而到了晚上，就用"打更"的方式提醒大家时间。所以，打更的时间是固定的，不能乱打。通常来说，一个晚上分为五更，一更是19点~21点，二更是21点~23点，三更是23点~凌晨1点，四更是凌晨1点~凌晨3点，五更是凌晨3点~凌晨5点。

负责打更的人，叫作更夫。他们到了时间就敲着铜锣或者梆子，一边走一边喊着"天干物燥，小心火烛"之类的口号，不但能给人们提醒时间，还能起到巡逻的作用呢。

三皇五帝

故事中千里眼顺风耳的塑像在轩辕庙中。你知道轩辕庙中供奉的是谁吗？那里面供奉的是轩辕黄帝，也就是我们常说的"黄帝"。黄帝是中国古代的部落首领，被后人尊称为"人文初祖"。

我们把远古时期对人类发展做出巨大贡献的部落首领合称为"三皇五帝"，其中三皇指的是燧人氏、伏羲氏和神农氏。五帝指的是黄帝、颛顼、帝喾（kù）、尧、舜。虽然三皇五帝在不同的文学作品中有不同的说法，但黄帝始终是五帝之首哟！

千里眼和顺风耳的原型

千里眼和顺风耳是一对神仙，一个能看见千里之外，一个能听见千里之外。相传，千里眼的原型是古代的音乐家离娄，顺风耳的原型名叫师旷。据说离娄能够站在千里之外，看清动物身上的毛发，不过历史上关于离娄的记载只有这么多，下面我们就来说说师旷吧。

师旷是春秋时期的人，他是一个盲人，但这丝毫没有对他造成不好的影响。他从小酷爱音乐，眼睛看不见，他就训练自己的听力。他不但能分辨各种乐曲，而且琴技高超绝妙，孔子的琴技就是师旷亲自传授的。

除了在音乐方面的成就以外，师旷还是古传太极的创造者。而且，他还是一位了不起的政治家，晋悼公和齐景公都曾经向他询问治理国家的方法。师旷提出了"君必惠民"的思想主张，让国君重视百姓、爱护百姓。所以，百姓们都非常爱戴他。

那么，人们为什么说师旷是顺风耳呢？因为他的听力实在太好了，相传他不但能听到天上的声音，还能根据听到的琴声占卜出战争的胜败。有一年，楚国进攻郑国，而晋国和郑国紧紧相邻，因此晋平公非常担心战火会烧到晋国。师旷弹奏了两首曲子说："国君不用担心，我从曲调中听到了死亡的声音，这一次楚兵必败。"结果几天以后，楚军果然打了败仗，主动撤军了。

由此可见，师旷的听力已经到了出神入化的地步了，可不就是顺风耳嘛！

　　辽宁省有一座棋盘山,传说古时候,山上住着一条白龙和一条黑龙,因此又叫作"龙山"。以前山顶斜下方有一个巨大的石头棋盘,相传是八仙之中的吕洞宾和铁拐李下棋的地方,棋盘山的名字就是这样来的。

如果让你写一篇故事，你会给里面的人物起什么样的名字呢？文学大师们都非常善于起名，他们有的根据人物的性格、命运起名，有的用颜色、植物花草起名，有的把传统文化融入到名字中……

《杨戬智斗千里眼顺风耳》这篇故事中袁洪、吴龙、常昊三个妖精的姓氏，就来源于他们的原形。

袁洪是白猿，因此他姓"袁"。

吴龙是蜈蚣，因此他姓"吴"。

常昊是蛇精，而民间把蛇叫作长虫，因此他姓"常"。

而高明和高觉一个是千里眼一个是顺风耳，也就是说他们的视力和听力都超出了一般人的水平，于是，作者把"高"字作为他们的姓氏，然后再加上代表视力的"明"，和代表听觉的"觉"，就组成了两人的名字：高明和高觉。

现在请开动脑筋，根据描述给人物起一个好听的名字吧。

人物1：住在草原上的男孩，性格开朗豁达，喜欢蓝天

_____

人物2：在中药世家长大的女孩，喜欢各种花草

_____

参考答案

人物1：蓝天阳、皓天、云开（没有标准答案）

人物2：奇香、采薇、花盈盈（没有标准答案）

第四十三回

幡龙岭火烧邬文化

巨人邬文化出战

　　一场大战以后，五个妖精死了四个，袁洪变成了光杆司令。他咽不下这口气，时刻寻找机会为死去的兄弟们报仇。恰好这个时候，从朝歌来了一个大汉，他身高好几丈，手里拿着一把大钉耙，一顿饭能吃下一头牛，能毫不费力地拖着船在陆地上行驶，活脱脱的一个巨人。这个巨人的名字叫邬文化，也是看见纣王的榜文来投军的。

袁洪见到邬文化又惊又喜，好吃好喝地把他款待了一番，把他哄得心花怒放。第二天一大早，邬文化就拖着大钉耙来到阵前，像座小山似的往地上一站，把姜子牙他们吓了一跳。大家看着眼前这个巨人议论纷纷，这时，一个山崩地裂般的声音从头顶上传来："让我来会会他！"

邬文化定睛一看，原来是西岐军营站出来说话的一个怪兽。它浑身上下长满鳞片，眼睛和耳朵向外突着，脑袋像骆驼，脖子像鹅，胡子像虾，手像鹰爪，身体下面长着一条老虎的腿。原来应战的是姜子牙的徒弟龙须虎。

邬文化指着龙须虎哈哈大笑："原来西岐大营里面也有妖怪。"

龙须虎暴打邬文化

"废话少说，看打！"龙须虎说着话从手中发出一块石头，邬文化举起大钉耙，啪的一声把石头拍进了地里，大大的钉耙也顺势扎进了泥土里。邬文化使出浑身力气想要拔出大钉耙，龙须虎抓住时机，把石头像炮弹一样发出来，噼里啪啦地打在邬文化的身上。邬文化疼得哇哇乱叫，拔出大钉耙，连滚带爬地逃走了。

他一口气跑出去了二十里，才在山崖边停下来，龇着牙咧着嘴把挨打的地方又摸又揉，折腾了一个多时辰，才垂头丧气地回到了军营中。

袁洪看见他这副狼狈样，没好气地说："看着你挺厉害的，怎么头一场就让人打成了这样？"

邬文化羞得脸红脖子粗，好半天才憋出一句话来："今天晚上我去夜袭西岐大营，打得他们片甲不留。"

"好！"袁洪说，"我也同往。这次一定要把姜子牙和姬发的

脑袋给提回来！"

邬文化夜袭周营

龙须虎打败邬文化以后，姜子牙他们觉得邬文化虽然身材高大、力气惊人，却没有什么真本事，便放松了警惕。晚上大家热热闹闹地庆祝了一番，就回去睡觉了，谁也没想到邬文化晚上会来偷袭。

半夜时分，邬文化突然冲进大营。姜子牙和士兵们从梦中惊醒，手忙脚乱地起身应战，结果无数士兵死在了邬文化的大钉耙之下。袁洪见邬文化旗开得胜，率兵攻入西岐大营，凭借妖术大开杀戒，把西岐大营变成了一片血海。

邬文化又冲杀至后营，杨戬在后营看守粮草，见邬文化来势凶猛，欲要迎敌，又担心粮草。忽然，他心生一计，在地上拣了根草，默念咒语，一声"变！"只见手中的草瞬间就变成了一个巨型大汉，比邬文化身形还要高大威猛，大汉冲着邬文化大喝（hè）一声："匹夫，拿命来！"

邬文化从来没见过比自己还高大的人，大叫一声："我的爷呀！"吓得掉头就跑。袁洪打不过杨戬，也跟着他一起逃了。

天亮以后，姜子牙看着倒在血泊中的士兵，悔恨交加。更让他伤心的是，龙须虎也被邬文化趁乱用钉耙杀掉了。

邬文化中计

所有人都像泄了气的皮球，一蹶不振，悲伤不已。杨戬对姜子牙说："一定要先除掉邬文化，再对付袁洪。"

姜子牙说："邬文化身形高大，要找到一个合适的地方才能除掉他。"

杨戬去野外查看了一番，回来对姜子牙说："我找到了一个好地方。"

杨戬说的这个地方名叫蟠龙岭。蟠龙岭只有一条路，蜿蜒崎岖，两边都是高山。姜子牙沉思片刻，对着杨戬一阵耳语嘱咐。

这天，袁洪他们正在庆祝这次的胜利，守军忽然来报："姜子牙和姬发在营外鬼鬼祟祟，不知道要干什么。"

"嘿！上次让他们逃过一劫，现在竟然还敢再送上门来。"袁洪恶狠狠地说，"邬文化，你去把他们捉回来，咱们一起去找纣王领赏。"

"遵命！"邬文化拖着大钉耙走出来，姜子牙和姬发骑着马转身就跑。邬文化大叫着追了上去，可他虽然腿长步子大，却跑不过马的四条腿，跑了一会儿就有些跑不动了，渐渐地停了下来。

姜子牙怕邬文化不追了，调转马头，轻蔑地一笑："邬文化，你敢和我单打独斗吗？"

邬文化丧身火海

"有什么不敢！"邬文化咬紧牙关冲上来，姜子牙见他上钩了，急忙调转马头和姬发冲进了蟠龙岭。邬文化头脑简单，没有想那么多，只管迈开大步往前追。跑着跑着，前面的姜子牙和姬发忽然不见了，两边的山上却传来几声炮响。邬文化抬头一看，漫天的石块、木头，还有干柴叽里咕噜地从山坡上滚下来，山顶上、半山腰，全都是姜子牙安排好的伏兵，杀声震天。直到这个时候，邬文化才知道上当了，但已经太迟了。

石块、木头、柴草挡住了邬文化的去路。他转身想往回跑，但后面的路也被挡住了，急得他嗷嗷乱叫。这时，武吉一声令下，带着火苗的箭像雨点一样飞过来，点燃了柴草和木头，把邬文化困在火海当中。邬文化叫天天不应叫地地不灵，被活活烧死了。

西岐的将士们欢呼雀跃，姜子牙也很欣慰，不过想起袁洪还没有除掉，他感到有些遗憾："袁洪是梅山上的白猿成精，诡计多端，我们还是要从长计议呀！"

匹夫

故事中杨戬对邬文化说："匹夫，拿命来！"这里的"匹夫"带有贬义的意思，是对对方的贱称。在文学作品中，我们可以经常看到这样的用法。但实际上"匹夫"这个词最初出现的时候，指的是平民百姓、普通人，并没有轻蔑的意思。比如《论语》中，孔子说："三军可夺帅也，匹夫不可夺志也。"明末清初著名的思想家顾炎武也说过一句至理名言："天下兴亡，匹夫有责。"这两句话中的"匹夫"指的都是普通人。

有趣的汉字 —— 祟

我们把偷偷摸摸的行为称为"鬼鬼祟祟"，"鬼"字我们都很熟悉，那么"祟"字是什么意思呢？

我们来分析一下"祟"字的结构：上面是"出"，下面是"示"，合在一起表达的意思就是鬼怪出来示人，鬼怪出来会带来灾祸，因此"祟"的意思是鬼怪出来作怪，引申为行动诡秘、不正当。

古人认为，鬼怪什么时间出来作怪，是可以查询到的，那么在哪里查呢？答案是《祟书》。《祟书》上详细记载了哪一天哪一个鬼怪来作祟，还有送走鬼怪、保佑平安的方法。

狼和狈

　　传说古时候有一种野兽名叫"狈"，狈的外貌和狼很相似，但狼的前腿长，后腿短，狈正好相反，前腿短，后腿长。狼和狈生活在一起，走路的时候，狈为了保持身体平稳，必须要把两条前腿搭在狼的背上。这样的姿势让狼和狈走路的时候都非常困难，因此人们用"狼狈"来形容受困或者受窘的样子。

　　狼和狈经常一起去偷羊，它们来到羊圈外面以后，狈让狼站在自己的脖子上，然后用两条长长的后腿站直，这时，狼那两条长长的前腿就能很轻松地抓住羊圈的上边，翻到羊圈中去捉羊了。后来人们根据狼和狈一起偷羊的情景，创造出了成语"狼狈为奸"，比喻相互勾结，一起干坏事。

　　"蟠龙"是龙的一种，它们没有升天的本领，因此生活在人间。一般我们在柱子上、天花板上看到的龙都是蟠龙。民间认为蟠龙能够造福人间，所以很多地方都以蟠龙命名，比如蟠龙岭、蟠龙镇、蟠龙山等。天安门前的华表上雕刻的即为蟠龙。

1. 杨戬用什么方法打败了邬文化?

_____

2. 你最喜欢故事中的哪个人物，说一说为什么。

_____

3. 阅读下面这段话，完成问题。

他（邬文化）身高好几丈，手里拿着一把大钉耙，一顿饭能吃下一头牛，能毫不费力地拖着船在陆地上行驶，活脱脱的一个巨人。

（1）这段话采用哪种修辞方式?

（2）从文中描述可以看出邬文化什么样的特点?

参考答案

1. 杨戬变出比邬文化更加高大的人，把邬文化吓跑了。

2. 我喜欢杨戬，因为他聪明勇敢，面对强大的敌人不害怕，还会开动脑筋想出打败敌人的办法。

3.（1）夸张

（2）身体高大、强壮，力气非常大

第四十四回

女娲助阵收七怪

杨戬制服猪妖

邬文化被烧死以后，袁洪正在发愁接下来该怎样应对，纣王又派来了一员大将。他和袁洪一样也是从梅山来的，是一只猪精，名叫朱子真。

朱子真拿着剑前来叫阵，杨戬用照妖鉴一照，发现他是一头猪，冷笑一声冲了过来。两个人一个骑马，一个走步，大战了几个回合，朱子真抽身就走，杨戬追了上去。不料，朱子真突然现出真身，张开血盆大口把杨戬吞进了肚子里。姜子牙知道杨戬的本事，便收兵回营了。

朱子真回到大营中，和袁洪一起庆祝，这时又来了一个帮手。这个人名叫杨显，是梅山上的一只羊精。众人一同饮酒庆祝，不知不觉到了二更时分，朱子真的肚子突然刀绞般地疼起来，原来是杨戬正在他的肚子里翻跟头呢。

"朱子真，"杨戬说，"你快点儿现出真身，跪在西岐大营前面谢罪，不然我就让你肝肠寸断。"朱子真疼得无法忍受，乖乖地现出真身，来到西岐大营前，扑通一声跪倒在地。南宫适一刀砍下他的头，结果了他的性命。

羊精狗精齐阵亡

然而让姜子牙他们没想到的是，刚刚杀了猪精，又来了一个狗精。这个狗精也是梅山上来的，名叫戴礼。

袁洪、杨显、戴礼一起来到阵前，袁洪向左右看了一眼，说："二位将军，谁愿意去打头阵？"

"我来！"杨显骑着马冲出来，杨戬赶忙上前应战。这时，戴礼也冲杀过来，被哪吒用火尖枪挡住，二人展开厮杀。杨戬和杨显大战了三十个回合，没有分出胜负来，杨显急红了眼，现出真身口吐白光要伤杨戬，杨戬灵机一动，变成了一只白额纹身大猛虎。羊见了老虎顿时吓得瑟瑟发抖，待在原地一动也不敢动，杨戬抓住时机飞起一刀，把羊斩成了两半。他得意地对姜子牙说："师叔，我又除掉了梅山一怪！""好样的，"姜子牙说，"快去帮哪吒。"

杨戬这才发现，哪吒和戴礼打得正酣呢。戴礼从口出吐出一颗红珠，直奔哪吒的脑门，哪吒往旁边一闪，败下阵来。杨戬见状，手握三尖刀扑上来，戴礼再次吐出红珠。杨戬急忙祭出哮天犬，哮天犬躲过红珠，一口咬住了戴礼，杨戬手起刀落，把戴礼斩为两截。西岐大营中立刻响起胜利的欢呼声，而袁洪早就灰溜溜地逃走了。

郑伦大战水牛精

但回到军营，袁洪又高兴起来了。因为纣王又给他派来了一个帮手，这个人同样来自梅山，名叫金大升，是一个水牛精。只见他身高一丈六，头戴紫金冠，身穿金甲红袍，头上长着一对角，嘴巴卷起，耳朵尖尖，胯下骑着一匹独角兽，全副武装，看上去威武不凡。袁洪看着他满意地点点头，心想："此人看起来颇有气势，一定是有真本事的！"

第二天，金大升来到阵前，姜子牙对众位将领说："谁敢前去应战？"大家还没说话，郑伦已经抢先一步，从人群中冲出去了。

他们二人一个拿着降魔杵，一个拿着三尖刀，打得叮当作响，火花四溅。突然，金大升张开嘴巴，喷出一块牛黄来。这不是普通的牛黄，而是金大升修炼多年炼制而成的。它虽然只有碗口大小，却坚硬如铁，再加上极快的速度，威力堪比一颗小型炸弹。电光石火间，它砸在了郑伦的脸上，郑伦的脸顿时变得面目全非。他惨叫一声，从坐骑上跌下来，被金大升用三尖刀劈中，以身殉国了。

女娲娘娘收服金大升

杨戬次日出战要为郑伦报仇，金大升又吐出了一个牛黄。杨戬知道这东西的厉害，化作一道金光，往南方飞去，金大升紧追不放。杨戬拿出照妖鉴一照，"原来是头大水牛啊，怪不得能口吐牛黄！"金大升恼羞成怒，提刀就砍。杨戬正想要变身对付他，空中突然传来一阵香风，五彩祥云中隐约传来一个空灵的声音："杨戬，你退后，让我来拿他！"

杨戬定睛一看，原来是女娲娘娘骑着青鸾驾到。女娲娘娘把伏妖锁交给身边的青云女童，命她拿怪。青云女童念起咒语，祭起伏妖锁。金大升还没反应过来呢，伏妖锁就"嗖"的一下穿过他的鼻子，金大升疼得趴在地上瑟瑟发抖。这时，一把大铜锤又从天而降，重重地在金大升的背上锤了三下，他就地一滚现出原形。

"杨戬，"女娲娘娘说，"你先把水牛精带回去让姜子牙发落，稍后我再同你除掉白猿精。"杨戬谢过女娲娘娘，牵着水牛精回营了。

姜子牙下令斩了水牛精，当天晚上便乘胜追击，攻入袁洪的大营，杀得殷商士兵丢盔弃甲、屁滚尿流。袁洪现出原形，跳到空中照着杨戬的脑袋劈下来，杨戬化作一道金光来到袁洪身后，举起三尖刀就劈。袁洪用一道白气护住身体，心想："杨戬难对付，得把他引到我的洞中，才能把他拿下。"想到这里，袁洪舍弃大营往梅山逃去。

　　杨戬追到梅山脚下，袁洪变成一大块怪石立在路旁。杨戬看出破绽，变成一个石匠，拿着钻往石头上戳，袁洪赶紧化作一阵清风逃了。杨戬追着袁洪上了梅山，正在四面观望，突然蹿出成千上万的小猴子，爬到杨戬身上又抓又咬。那么多只猴子，杨戬甩也甩不开，打也打不完，只好先退到山脚下，正着急呢，女娲娘娘来了。她传授给杨戬一幅"山河社稷图"，"山河社稷图"展开以后，图中的景物立刻变成了真的。杨戬重新来到梅山上，一边和袁洪打斗，一边引他入图中。袁洪不知道这里面的门道，追着杨戬上了"山河社稷图"，不

一会儿，便现出原形成了一只白猿。白猿看见一株桃树上结了几个水灵灵的大桃子，异香扑鼻，馋得直流口水，伸手摘下一个吃进肚子里，身体就像被定住一样，起不来了。

杨戬把白猿用缚妖索捆住带回军营，让姜子牙处置。到此为止，助纣为虐的梅山七怪终于全都被除掉了。

猪在传统文化中的地位

猪是最早被人类驯化的动物之一，已经陪伴人类八九千年的时间，可以说是人类的老朋友了。猪在古时候也被称为"豕"，"豕"的上面加上一个代表房屋的"宀"，就是我们熟悉的"家"。也就是说，有猪才有家，由此可见，猪在人们的心目中多么重要啊！

猪长得肥头大耳，圆滚滚肥嘟嘟的，看着非常喜庆，因此人们认为猪象征着财富和幸福。过春节的时候，人们喜欢把猪的形象剪成窗花贴在门上，期盼着"肥猪拱门"，给家里带来幸福和安康。

社稷

我们经常用"社稷"代指国家或者朝廷,你知道这是为什么吗?这是因为在传统文化中"社"是土地神,"稷"是谷物神。而土地和谷物,也就是粮食,都是人们生存的根本。因此,人们对"社"和"稷"都十分敬畏,古时候,帝王每年都会祭拜"社"和"稷",祈求国泰民安、五谷丰登。后来,"社稷"就成了国家或者朝廷的代名词。

牛黄

金大升的秘密武器不是刀枪剑戟,而是一块牛黄。那么,这个能把郑伦打倒的牛黄究竟是什么东西,竟然有这么大的威力?

实际上,牛黄和兵器一点儿关系也没有。它是牛的胆管、胆囊或肝管中产生的结石,表面呈金黄色或者黄褐色,所以叫作牛黄。牛黄是一味常用的药材,很多常见的药材比如牛黄上清片、牛黄解毒丸中都含有牛黄。但天然的牛黄产量很少,因此十分珍贵,据说天然牛黄的价格比黄金还贵呢!药品中使用的大多是人工合成的牛黄。

梅山文化

梅山位于现在的湖南省,相传远古时期蚩尤和黄帝之间发生战争,结果蚩尤被杀,部落中的一些人逃到梅山一带。在很长一段历史时间里,蚩尤部落的后裔一直都保持着原始的生活方式,形成了独特的梅山文化。

梅山文化中有很多神明，其中最著名的是张五郎。传说张五郎是太上老君的女婿，得到了太上老君的真传。他擅长打猎，并且把打猎的本领教给梅山一带的人们，还经常把打来的猎物分给大家，因此人们都非常尊敬他。但有一次，张五郎打猎的时候遇到了一只老虎，他和老虎搏斗的时候不幸跌下悬崖，身体倒挂在树上身亡了。人们为了纪念张五郎，尊称他为狩猎之神，并给他雕了一尊倒立的雕像。如果你看见一尊头朝下、脚朝上的雕像，不要怀疑，他就是张五郎。

你知道吗？

河北省邯郸市涉县唐王山上有一座女娲宫，是全国最大的供奉女娲的庙宇，相传这里是女娲炼石补天的地方。每年农历三月初一到三月十八，来自全国各地的人们在女娲宫举行盛大的祭祀活动，成了当地的一大盛景。

互动小课堂

1.根据文章内容进行判断，在正确的说法后面打"√"，错误的说法后面打"×"。

（1）"肝肠寸断"在文中的意思是形容伤心到了极点。（　　）

（2）金大升的兵器是三尖刀。（　　）

（3）杨戬一个人除掉了5个妖精。（　　）

2.根据文中妖精被消灭的顺序，把正确的序号写在括号。

（　　）杨显　　（　　）金大升　　（　　）戴礼

（　　）袁洪　　（　　）朱子真

3.看见杨戬被朱子真吞进肚子里，姜子牙为什么一点儿也不着急？

_____

4.法术高强的袁洪一看见桃子就馋得流口水，说明了一个什么道理？

_____

参考答案

1.（1）×　（2）√　（3）×

2.①朱子真　②杨显　③戴礼　④金大升　⑤袁洪

3.因为姜子牙知道杨戬有七十二变，不会真的被朱子真吃掉。

4.说明他本性难移。

第四十五回

金吒智取游魂关

金吒、木吒来到帅府

孟津汇合之后，姜子牙他们奋勇杀敌，除掉了梅山七怪。诸侯们赞叹不已，然而，姜子牙心里却惦记着一个人，这个人就是东伯候姜文焕。姜文焕的大军在来孟津的路上遇到了一个十分难缠的对手——窦荣。

窦荣是游魂关总兵，有很强的军事指挥能力，并且擅长防守。姜文焕花了十多年的时间，都没能把游魂关攻下来。但伐纣大军马上就要进军朝歌，怎么能少得了姜文焕呢？于是，姜子牙派金吒、木吒去帮助姜文焕攻取游魂关。

金吒和木吒走到半路，金吒灵光一闪，说："姜文焕十多年都没攻下游魂关，可见窦荣这个人十分了得，就算我们俩去了，恐怕也没什么用。不如……"他的眼珠骨碌碌一转，"我们假扮成道士去投靠窦荣，然后再找机会和姜文焕来个里应外合……"

"这个主意好。"

兄弟二人一拍即合。于是他们先派人将计策告知姜文焕，然后调转方向来到窦荣的帅府门前，对门官说："我们是修行的道士，是特意来帮助窦将军打败姜文焕的。"

金吒、木吒改名换姓骗窦荣

其实，窦荣和姜文焕打了这么多年的仗，也早已经厌烦了。但姜文焕的本领和他不相上下，想彻底打败他没有那么容易。窦荣正为这件事发愁呢，忽然听说来了两个可以打败姜文焕的人，怎么能不激动呢？

他把金吒和木吒请到府中，客气地问："二位道长，从哪里来呀？"金吒回答道："我们是从东海蓬莱岛来的，我叫孙德，这是我的师弟徐仁。姜子牙说商纣气数将尽，但我们二人夜观天象，发现纣王气势正旺，根本没有衰落的迹象。"木吒接着说道："那姜子牙妖言惑众，惹得天下大乱，生灵涂炭，实在可恨至极。最近听说他正在孟津等着姜文焕汇合，我们二人特意赶来阻挠，等杀了姜文焕以后，再去戳穿姜子牙的谎言，让世人看清他的真面目。"

窦荣不知道金吒、木吒说的是真是假，脸上露出犹豫的神色，眼前的这两个道士，到底能不能相信呢？

金吒巧言救马兆

"师弟，果然被你料中。"金吒朝木吒使了个眼色，"师叔在万仙阵中死在姜子牙手里，我们来助窦老将军一臂之力，也是为了给师叔报仇。既然窦老将军不肯相信我们，那我们就不要在这里浪费时间了。"金吒和木吒转身走出了大门。

窦荣左思右想，这时候正是需要助力的时候，万一这两位道士不是奸细，岂不是白白错过了？于是连忙让人把金吒和木吒请回来，好好地安抚招待了一番。第二天，门外有人叫阵，金吒出城应战，阵前来的是姜文焕的部下马兆。二人你来我往打了二三十个回合，金吒便跳出圈外，祭起遁龙桩，活捉了马兆。

金吒把马兆带回游魂关，窦荣要将马兆斩首，金吒劝阻道："窦将军不必着急，等把姜文焕捉住以后，将他们一起押往朝歌，也好让纣王清楚窦将军的功劳。"窦荣被金吒几句话哄得心花怒放，把马兆关进了牢房。

这边姜文焕早就知道了金吒、木吒的计策，听说马兆被擒，不但不生气，反而大喜："破游魂关指日可待啦！"

金吒木吒暗通姜文焕

第二天，姜文焕亲自来到游魂关前叫阵。窦荣对金吒、木吒说："姜文焕就在门外，二位可有什么好办法？"

木吒说："我们二人一起去对付他，让他插翅难逃。"

金吒、木吒来到阵前，和姜文焕真刀真枪地打斗起来。姜文焕双拳难敌四手，几个回合之后掉头就跑，金吒和木吒追上去，三个人一齐跑远了。金吒看看四周已经没有其他人，便对姜文焕说道："东伯侯，今晚二更请率兵攻城，我们二人乘机在关内接应，定能助您一举拿下游魂关。"

姜文焕惊喜万分，没想到这一天来得这么快，赶忙在马上谢过两人。为了不让窦荣看出破绽，他回马向两人弯弓射出一箭。金吒、木吒用手中剑轻松一挡，箭便落在了地上。金吒故意抬高嗓门大喊一声："姜文焕，你这个卑鄙小人，打不过我们竟然用暗箭伤人。你等着，明天我们一定报这一箭之仇。"说完，金吒、木吒转身回了游魂关。

里应外合拿下游魂关

窦荣不高兴地说："你们为什么不用法宝？"金吒叹口气说："姜文焕太狡猾了，我刚要祭出遁龙桩，他就逃跑了。我们追上去，不料被他射了一支暗箭。"木吒也装出非常愤怒的样子，把拳头攥得咯咯响："哼，明天抓住他，一定要把他碎尸万段。"

窦荣的夫人彻地夫人怀疑金吒、木吒的身份，劝窦荣要小心提防他们，但窦荣并不以为然。

二更时分，关外突然炮声大振、喊杀声连天，窦荣和彻地夫人从睡梦中惊醒，急忙披挂上阵。金吒对窦荣说："我与窦老将军一同率兵出去迎敌，祭出遁龙桩，定能活捉姜文焕。我的师弟留下来，和彻地夫人一起守城，也好相互之间有个照应。"彻地夫人答应了。

窦荣心中大喜，便与金吒带领军队冲出游魂关，与姜文焕的军队厮杀起来。混战中，金吒突然祭起遁龙桩困住窦荣，窦荣还没反应过来，就被姜文焕一刀毙命。彻地夫人想去救窦荣，也被木吒用吴钩剑就地斩杀了。

　　在金吒、木吒的帮助下，姜文焕终于拿下游魂关，结束了和窦荣长达十多年的战争。

"回合"一词的来历

　　古人打仗的时候经常说打了多少多少回合，这个"回合"到底是什么意思呢？这要从"回合"的来历说起。

　　古时候，人们打仗时都是用战车，每一辆车上有数名士兵，这些士兵分工合作，有的负责驾车，有的负责射箭远距离打击敌人，有的负责近距离拼杀。当双方交战的时候，完成一次由远距离射箭，到近距离拼杀，叫作"合"。完成一次"合"之后，战车继续向前行驶，然后调转车头再重新来一次由远及近的拼杀叫作"回"。完成一合一回，才算是一次完整的作战过程。

　　后来，人们从车战改为骑马作战，但"回合"这个词却保留下来，指代双方较量的次数。

暗箭伤人

　　在这个故事中，金吒为了不让窦荣看出破绽，故意指责姜文焕暗箭伤人。"暗箭伤人"是一个成语，比喻暗中伤人的行为或者诡计。

　　春秋时期，郑国有一位美男子名叫公孙子都。他不但人长得潇洒帅气，还是一位射箭高手。然而，人们不知道的是，公孙子都是一个小心眼的人，特别爱记仇。

　　有一次，郑国准备攻打许国，在发放兵车的时候，颍叔考和公孙子都争吵起来，颍叔考二话不说，拉着兵车就跑了。公孙子都追不上，气得咬牙跺脚，从此以后就跟颍叔考记上仇了。

战争爆发以后，颖叔考和公孙子都都各自率领一支队伍冲锋陷阵，很快就打到了许国的城门口。颖叔考一心想要攻城，便亲自带着士兵们爬上城墙。公孙子都发现颖叔考就要立大功了，心里非常着急。再加上之前颖叔考抢兵车的事，公孙子都又急又气。于是，他趁人不注意，拿起弓箭一箭就射中了颖叔考的后背。颖叔考惨叫一声，跌落到地上，顿时就没气了。

　　将士们不知道这一箭是公孙子都射的，都以为颖叔考是被敌人射杀的。他们心中立刻燃起熊熊烈火，悲愤交加地要为颖叔考报仇。于是，他们士气大振，一鼓作气攻下了许国的都城。

　　公孙子都成了郑国的功臣，但他却因为颖叔考的死一直心怀愧疚。他茶饭不思，晚上睡觉都经常梦见颖叔考惨死的样子，心里没有一天安稳过。直到这个时候，公孙子都才明白，暗箭伤人最终也会伤害自己，但如今后悔已经来不及了。

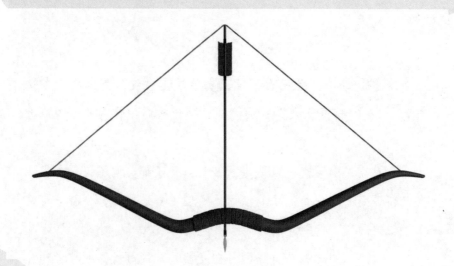

你知道吗？

　　古代打仗之前，通常都会先"叫阵"，"叫阵"的意思就是在阵前叫骂。有时候是一方叫骂，有时候是双方互相叫骂。这样做既可以提高士兵的士气，又能激怒对方，让对方失去正确的判断能力，为自己争取获胜的机会。

今天我要带你们认识句子家族中的一对好兄弟——"把字句"和"被字句"。

"把字句"的句型结构是：谁把谁怎么怎么样，句子中有一个"把"字。例如：彻地夫人想去救窦荣，木吒用吴钩剑把她就地斩杀了。

"被字句"的句型结构是：谁被谁怎么怎么样，句子中有一个"被"字。例如：彻地夫人想去救窦荣，被木吒用吴钩剑就地斩杀了。

"把字句"和"被字句"是可以相互转换的，比如："我把弟弟的零食吃了。"改成被字句就是："弟弟的零食被我吃了。"

你看懂了吗？"把字句"和"被字句"相互转换的秘诀是：

1. "把"换成"被"，"被"换成"把"。

2. "把"和"被"前面和后面的内容互换位置。

下面来玩一个"把字句"和"被字句"相互转换的游戏吧。

1. 窦荣把马兆五花大绑。———→ 变成"被字句"：

_____

2. 窦荣被金吒唬住了。———→ 变成"把字句"：

_____

参考答案

1. 马兆被窦荣五花大绑。

2. 金吒把窦荣唬住了。

第四十六回

姜文焕怒斩殷破败

伐纣大军进军朝歌

　　姜文焕在金吒、木吒的帮助下攻取游魂关之后，顺利到达孟津与姜子牙他们汇合。八百诸侯、一百六十多万大军整装待发。三月初九这天，伴随着一声惊天动地的炮声，姜子牙挥舞着手中的帅旗，大喝一声："向朝歌进军，讨伐昏君！"

　　一百六十多万大军摇旗呐喊，浩浩荡荡地来到朝歌城外安营扎寨。纣王被吓破了胆，对大臣们说："姬发的大军打到家门口了，你们说说现在该怎么办？"大将军鲁仁杰说："西岐军来势汹汹，势不可当，我们根本抵挡不住。依我之见，趁着仗还没打起来，应该赶紧派一个能说会道的人去跟姜子牙他们讲和，劝他们退兵才是上策。"

　　"此言差矣，"中大夫飞廉说，"朝歌城中还有十几万兵马，粮草也很充足，真要打起仗来谁输谁赢还不一定呢！怎么能长他人志气，灭自己威风呢？我建议大王张贴榜文，招揽人才。相信朝歌城中卧虎藏龙，一定会有能人志士前来应征。"

　　飞廉的话很符合纣王的心意，于是纣王立即张贴榜文，四处搜寻人才。

三兄弟成了刀下鬼

　　俗话说：重赏之下必有勇夫。朝歌城中有三个隐士：丁策、郭宸（chén）和董忠。这三个人是结拜兄弟，关系十分亲密。董忠看见榜文，被纣王开出的优厚条件吸引，没经过丁策和郭宸的同意，就去找飞廉报名了，并且还把三个人的本领大大地吹嘘了一番。

丁策知道伐纣已成大局，不愿意去趟这个浑水，但董忠已经把他们推到了风口浪尖。无奈之下，他只好和郭宸、董忠一起投奔了飞廉。飞廉向纣王举荐了这三人，纣王大喜，立刻封丁策为神策上将军，封郭宸、董忠为威武上将军，又好吃好喝招待一番。这三人便跟随大将军鲁仁杰出城对阵诸侯联军。

第二天，姜子牙率各诸侯将领叫阵，鲁仁杰带着丁策、郭宸、董忠应战。但是接下来发生的一幕，让鲁仁杰大跌眼镜：董忠一上场，就被姜文焕劈成两半；丁策被哪吒的乾坤圈打中脑袋，一命呜呼；郭宸让杨戬一刀斩落马下。

鲁仁杰在心中暗暗骂道："我还以为有多大的本事，竟然这么不堪一击！看来，我殷商确实已经无人可用了。"

殷破败劝说姜子牙

双方大战一场，鲁仁杰的大军死的死、逃的逃，败得一塌糊涂。纣王得到消息以后急得团团转，又把大臣们召集到一起商量办法。大臣们大眼瞪小眼，把头摇了又摇，谁也没有好主意。这时大将殷破败从人群中站出来说："大王，我和姜子牙有过一面之缘，愿意去西岐大营劝他退兵，让各路诸侯回归封地。如果不能成功，我愿一死以报大王。"

纣王感激涕零地说："好好，殷破败，殷商的天下就全靠你了。"殷破败顿时觉得肩上的担子重如泰山。

他单枪匹马来到西岐大营，点名要见大元帅。姜子牙将他请进，问道："殷将军来我西岐大营，有何贵干？""你我曾有一面之缘，许久不见，没想到你竟成为六军统帅，真是荣耀！不过，我今天是代表纣王，特意来劝劝你的。"

"老将军请坐。"殷破败是纣王使者，姜子牙对他以礼相待。

殷破败从殷商近六百年的江山，说到君臣之礼，引经据典地劝姜子牙他们退兵。但姜子牙却说："天下不是一个人的天下，而是全天下人的天下，伐纣是顺应民心天意。"

姜文焕怒斩殷破败

殷破败好说歹说，口水都快讲干了，发现无论如何也没办法说服姜子牙退兵，于是干脆把心一横：既然这样，我还不如豁出这条命，痛痛快快将他们大骂一顿，也算顾全了自己作为商朝臣子的节义。于是，他滔滔不绝、口若悬河地把姜子牙他们大骂一通。

各路诸侯大将见殷破败前来，本来就在默默忍耐。现在一听他开骂，各个气得脸红脖子粗。东伯侯姜文焕第一个就忍不住了，他与纣王有着血海深仇。只见他"蹭"的一下跳起来，提着斩将刀就闯进大帐，指着殷破败说："你身为朝廷大臣，不劝

纣王走正道，反而助纣为虐，殷商的江山就葬送在你们这帮猪狗不如的奸佞（nìng）小人手里！"

殷破败毫不示弱，和姜文焕你一言我一语地对骂起来，姜子牙拦都拦不住。姜文焕被说急了，干脆一刀砍下了殷破败的脑袋。姜子牙震惊地说："哎呀，两国交兵，不斩来使，你怎么把他杀了？这样一来反而成就了他的美名，你却会落个杀戮的名声，太鲁莽了！"

姜文焕辩解道："他说的话也太气人了，我实在忍不住。"

人死不能复生，姜子牙无奈地叹了口气，派人把殷破败的尸体抬出去厚葬。

殷成秀报仇殒命

纣王和大臣们还在等殷破败的好消息呢，午门官忽然来报："殷破败触怒了姜子牙，被姜文焕杀了。"

纣王大吃一惊。这时，殷破败的儿子殷成秀哭着来到纣王面前说："都说两国交兵，不斩来使，姜子牙他们却不讲武德道义，把我父亲杀了。请陛下让我带兵出战，为父亲报仇。"纣王正愁没人出战呢，慰解一番后就答应了。

殷成秀来到阵前，姜子牙问将士们："谁愿意与他对战。""让我来，"姜文焕说，"他是来找我报仇的，这一战非我莫属。"

殷成秀一见到姜文焕，满腔怒火顿时喷涌而出，大喝一声："杀父之仇，不共戴天，姜文焕拿命来！"说着把胯下马用力一夹，来到姜文焕跟前，举刀便砍。姜文焕这么多年一直在打仗，什么样的对手没遇见过！殷成秀的功夫在他面前，简直就是花拳绣腿。他接住殷成秀的刀，几十个回合后，反手一刀，就把他斩于马下。

两国交兵，不斩来使

"两国交兵，不斩来使"是自古以来人们在战场上遵循的规则。也就是说，不管双方打得多么激烈，都不能斩杀对方派来的使者，不但不能杀还要以礼相待。

公元450年，刘宋和北魏发生战争，北魏派兵围困刘宋的战略据点彭城，并派使者李孝伯去彭城劝降，负责与李孝伯谈判的是刘宋的使者张畅。李孝伯和张畅见面后，不但对对方彬彬有礼、尊敬有加，而且还互相赠送礼物。虽然这次谈判没有成功，但他们以礼相待的故事却成为一段佳话流传了下来。

重赏之下必有勇夫

楚庄王是春秋五霸之一。他当政时，斗氏家族是楚国势力最大的家族，他们要杀死楚庄王，夺取政权。斗氏家族的首领斗越椒是个有勇有谋的人，楚庄王知道他的厉害，心里非常担忧，便发布了一道榜文，说谁要是能打败斗越椒，就封他做大官。榜文贴出去以后，很快就有一个年轻人来应征了。

两军对垒的时候，年轻人拿着弓箭站到阵前，指着斗越椒说："你敢跟我比射箭吗？""好啊！"斗越椒不屑一顾地说，"我先射你三箭，如果三箭之后你还没有死，就可以射我了。"说完，斗越椒朝着年轻人连射三箭，但年轻人凭借敏捷的身手，轻松躲过去了。

"现在轮到我了！"年轻人拉弓射箭，一箭就把斗越椒射死了。斗氏家族的人怎么也没想到会是这样的结局，顿时慌了神儿。楚庄王赶紧抓住机会，对斗氏家族进行猛烈的攻击，斗氏家族无力抵抗，纷纷投降了。

这个一箭射死斗越椒的年轻人名叫养由基，他有百步穿杨的本事，是一位名副其实的神箭手。不过，如果没有楚庄王那道招募人才的榜文，他还只是一个普通的士兵，不会立下这么大的功劳。

古人说"重赏之下必有勇夫"，适当的激励和奖励，可以让有才能的人发挥更大的作用，这是一个亘古不变的真理。

你知道吗？

古代打仗的时候，军队到了一个地方，会在野外搭帐篷作为自己的营地，这就是"安营扎寨"。不过现在安营寨扎不单单指军队，一个团队在某个地方安顿下来，也可以说安营扎寨。

1.结合文章内容，写出下列词语的意思。

奸佞：＿＿＿＿＿＿＿＿＿＿＿＿＿

卧虎藏龙：＿＿＿＿＿＿＿＿＿＿

2.丁策不愿意应征去打仗是因为（　　）。

A. 丁策不喜欢打仗

B. 丁策知道武王伐纣已经势不可当，去了只能白白送死

C. 丁策不会打仗

D. 丁策只想过隐居的生活，不愿意抛头露面

3.为什么姜文焕杀了殷破败以后，姜子牙会不高兴？

＿＿＿＿＿＿＿＿＿＿＿＿＿＿＿＿＿＿＿＿＿

＿＿＿＿＿＿＿＿＿＿＿＿＿＿＿＿＿＿＿＿＿

4.伐纣大军攻到朝歌以后，鲁仁杰主张讲和，飞廉主张招揽人才继续打仗，你赞同谁的观点？为什么？

＿＿＿＿＿＿＿＿＿＿＿＿＿＿＿＿＿＿＿＿＿

＿＿＿＿＿＿＿＿＿＿＿＿＿＿＿＿＿＿＿＿＿

5.董忠没有经过丁策和郭宸的允许，就擅自给他们报名应征，你认为董忠这么做对吗？如果你是董忠，想让丁策和郭宸同自己一起去应征，你会怎么做？

＿＿＿＿＿＿＿＿＿＿＿＿＿＿＿＿＿＿＿＿＿

＿＿＿＿＿＿＿＿＿＿＿＿＿＿＿＿＿＿＿＿＿

1. 奸佞：指奸邪谄媚的人。

卧虎藏龙：指隐藏着未被发现的人才，也指隐藏不露的人才。

2.B

3. 因为"两国交兵，不斩来使"是战场上的规则，姜文焕杀了殷破败，会让自己背上一个喜欢杀戮的坏名声。

4. 我赞同讲和，因为继续打仗，会有更多的人流血牺牲。而纣王又是一个暴君，这么做不值得。

5. 董忠这样做不对。如果我是董忠，我会征求丁策和郭宸的意见，并努力说服他们。

第四十七回

姜子牙下令擒三妖

百姓打开城门献朝歌

殷破败父子死后，鲁仁杰率兵死守朝歌。姜子牙心想："如果我们硬攻，势必会引发一场大战，百姓们就要遭殃了。而我们讨伐纣王的初衷，是为了把百姓们从水深火热中解救出来，怎么能让他们再次受到伤害呢！"想到这里，姜子牙决定放弃攻城。

他让部下按照自己的意思写了几十封告示，用箭射进朝歌城中。告示上说，纣王已经昏庸残暴到人神共愤的地步了，西岐同各路诸侯共同讨伐纣王，就是为了把百姓们从水深火热之中解脱出来。而现在这些告示就是为了避免让更多人白白送命，希望百姓们能够明白这份良苦用心，主动打开城门，献出朝歌城。

朝歌城的百姓们盼望这一天已经很久了，他们纷纷来到城门口，欢天喜地地打开城门，迎接伐纣大军进城。

而此时此刻，纣王还在和妲己饮酒作乐呢，忽然外面杀声震天，把纣王和妲己都吓得一哆嗦。纣王忙问客人道："哪里来的喊杀声，吓死我了！"午门的守门官连滚带爬地跑进来说："百姓们打开朝歌城门，把叛军放进来了，现在叛军已经杀到午门外了。"

姜子牙列举纣王的罪状

"这群愚民，竟然把朝歌城拱手送给了叛军，都活得不耐烦了！"

纣王让人整理衣冠，召集大臣们上朝议事，门官又送来一个坏消息："诸侯们聚在午门外，要向大王当面问话。""好，我倒要看看这群乱臣贼子到底想怎么样！"纣王穿上盔甲，拿着一柄金背刀，在鲁仁杰等人的簇拥下来到午门。

看见姜子牙威风凛凛地站在人群当中，纣王气愤地大喝一声："姜子牙，你本来是我的臣子，不知道忠君爱国，却联合乱臣贼子以下犯上，该当何罪！"

"纣王！"姜子牙冷冷地说，"你身为一国之君，荒淫无道、残害百姓，犯下了滔天罪行，竟然还不知悔改。"

"一派胡言，"纣王说，"我是国君，能有什么罪？"

姜子牙把纣王的十大罪过在众人面前一一列举，听得纣王心里直打鼓，听得各路诸侯和士兵们咬牙切齿。东伯侯和南伯侯想起了被纣王残害的亲人，不由得怒火中烧，骑着马冲过来，要找纣王报仇雪恨。其他诸侯见状，也涌上来把纣王团团围住。

纣王变成丧家犬

保护纣王的鲁仁杰等人先后倒在血泊中，纣王的后背也被姜文焕打伤了。纣王再没了往日的威风，像个丧家犬一样，夹着尾巴逃回了宫中。

妲己、胡喜媚，还有王美人赶忙迎上来，关心地问这问那。这王美人，也就是当年被姜子牙用三昧真火烧出原形、又被妲己放在摘星楼上复活了的玉石琵琶精。纣王闷闷不乐地喝着酒，悔恨交加地说："如果我当初听一听忠臣们的谏言，就不会落到今天这步田地了。现如今我已经成了孤家寡人，再也不是以前那个要风得风、要雨得雨的纣王了。你们跟着我只会受苦受罪，还是尽早离开自寻活路去吧。"

"大王，我们哪儿也不去，就在这里陪着你。"妲己等三妖在纣王身边哭哭啼啼，纣王更加伤感了。

三只妖精看着纣王，心里百感交集。她们当年入宫是奉女娲娘娘的命令，来断送纣王的江山。可是，到了宫里以后，她们每天穿金戴银，吃香的喝辣的，早已经过惯了这种奢靡的日子。一旦商朝灭亡、纣王身死，她们就再也过不上这样的好日子了。于是，她们决定夜劫西岐大营，杀了姜子牙和姬发。

三妖夜劫周营

晚上，妲己、胡喜媚、玉石琵琶精全副武装，骑着桃花马冲入西岐的大营。只见空中妖风阵阵，巨浪般的沙尘卷着砂石向大营中袭来，士兵们吓得四处逃窜，西岐大营乱成了一锅粥。

姜子牙正在房中卜算未来的运势，听到动静连忙出来查看。哪吒、杨戬、雷震子、韦护、李靖等人使出浑身解数，迎战三个妖精。不一会儿，就把她们围在了中间。姜子牙用五雷正法镇压妖气，使将士们免受其害。只见他把手在空中一放，咔嚓一声，一道霹雳从空中劈下来，三个妖精吓得胆战心惊，也见识到了姜子牙的厉害，化作一阵怪风逃走了。

纣王见她们回来，急切地问："劫营成功了吗？"

"没有，"妲己无奈地摇摇头，"姜子牙他们有所防备，我们只是伤了一些士兵，没能杀死姜子牙和姬发，还差点儿被姜子牙捉住。"

"唉，看来这是老天爷要亡我呀！"纣王说着，失魂落魄地离开了。

姜子牙怒斩三妖

看着纣王落寞的背影，妲己说："成汤的江山就要灭亡了，我们该去哪儿呢？"胡喜媚想了想说："只能回轩辕坟了，那里才是我们的家。"

三个妖精在这边商量着，万万没想到，姜子牙正在想办法除掉她们呢。他卜了一卦，惊叫道："糟了，三个妖精要逃走！"他急忙派杨戬、雷震子和韦护去捉妖。可是，妲己她们太狡猾了，杨戬和雷震子、韦护费了半天力气，都还没捉住她们。

　　正当三个人拼命追妖的时候，女娲娘娘来了。妲己她们赶忙跪在女娲娘娘面前，哭诉着说："娘娘救命啊！我们奉您的命令去迷惑纣王，现在任务已经完成，姜子牙却要杀了我们。""孽障！"女娲娘娘生气地说，"我让你们迷惑纣王，可没让你们残害众生。如今你们恶贯满盈，不将你们正法，怎么告慰那些被你们残害的生灵？！"

　　女娲娘娘用缚妖索把三个妖精捆住，让杨戬交给姜子牙处置。姜子牙命人把三个妖精带到法场上，把她们做过的坏事——列举，然后当着百姓们的面，将她们斩首示众，这几个祸国殃民的妖精，终于被除掉了。

古代的帝王为什么自称"寡人"

现在人们把女人死了丈夫称为"寡",如寡妇、守寡等。而古代的帝王大多是男的,为什么要称自己为"寡人"呢?这是因为"寡"在这里的意思,指的是"寡德",也就是德行不够,在道德方面做得不好。

那么问题来了,帝王可是高高在上,不可一世的啊!为什么要说自己德行不够好呢?大家可千万不要被帝王骗了,他们说自己是寡人,不是真的说自己德行不够好,只是一种谦虚的说法。我们现代人如果被别人夸,也会谦虚地说:"哪里,哪里,我做得还不够好。"这和帝王自称"寡人"是一样的道理。

国家的代称

从古至今,在我们中国的传统文化中,国家有很多的代称,例如:

江山:江河和山川,代指一个国家管辖范围内的疆域。

社稷:土地神和谷物神,国家的根本。

庙堂:宗庙是帝王祭祀祖先的地方,后来代指朝廷。

九州:大禹治水后把天下分为九州,后来九州就成了中国的代称。

四海:古人认为中国的四周都有海环绕,于是"四海"成了中国的代称。

传统文化中的"三"

"三"是一个数字，但它除了表示三以外，还有很多用法和意义呢。

1.表示序数第三，比如：一鼓作气，再而衰，三而竭。

2.表示多数或者多次，比如：三番五次、三五成群、三人成虎等。

3.表示数量少，比如：三言两语。

除此以外，在中华传统文化中，三是一个吉祥数字，代表着圆满。因此，我们的文化很多事物都和三有关，比如：春节向别人表示祝福的时候可以说三阳开泰，见人要礼让三分，一个月分为三旬等等。这些足以说明，三在中国人的心中占据着非常重要的地位，甚至已经超出了数字本身的意义。

盔甲

盔甲是士兵们在战场上穿在身体外面，保护身体安全的器具，也叫甲胄或铠甲。古时候，盔甲大多是用结实的动物皮革做成的，金属冶炼技术出现以后，制作盔甲的材料由皮革变成了更结实耐磨的金属，常见的是铜和铁。

通常，盔甲并不是一整块金属，而是把金属做成鱼鳞形状或树叶形状的金属片，再一排一排地穿起来，这样做出来的盔甲行动起来更加方便，而且金属片一排一排地交叠在一起，可以增加厚度，更好地起到保护身体的作用。

"盔甲"一词，由盔和甲组成，盔是戴在头上，保护头部的，甲指的是穿在身上的铠甲。因此，成语"顶盔掼甲"指戴上头盔、穿上铠甲，把自己全副武装起来。而"丢盔弃甲"形容打败仗后，仓皇逃跑的狼狈样。

你知道吗？

现在人们喝酒都用酒杯，最常见的就是玻璃酒杯。古代没有玻璃，但古人制作出了许多喝酒的器具，如：尊、壶、爵、角、觥（gōng）、卮（zhī）、斝（jiǎ）等，这些酒器不但造型精美，而且有的既能装酒，又能温酒，非常实用。

1.姜子牙想到了用箭送信的方式，开动脑筋想一想，如果是你，你会用什么样的方法把信送到朝歌呢？

2.一个人得意的时候和落魄的时候状态完全不一样，形容两种状态的词汇也会不一样。仔细观察一下纣王得意和落魄时的两幅画像，你能想到哪些词呢？

纣王得意

我想到的词语有：

_____

_____

纣王落魄

我想到的词语有：

_____

_____

参考答案

1.我会把信折成纸飞机扔到朝歌城中。

2.得意时：意气风发、神采奕奕、精神抖擞、趾高气扬、眉飞色舞

落魄时：垂头丧气、无精打采、怅然若失、黯然伤神、愁眉苦脸

第四十八回

纣王摘星楼自焚

周军攻入皇城

"妲己娘娘被西岐大军杀了！"

、"我们赶快逃走吧。"

皇宫里传来一阵乱糟糟的声音，把纣王吵醒了。他迷迷糊糊地喊道："妲己，给寡人倒酒！"一个宫女听见了，战战兢兢地走过来说："大王，妲己娘娘不在宫里。她……""她去哪里了？"纣王睁大眼睛，盯着宫女。宫女指着宫外说："三位娘娘被姜子牙斩首了，头颅就挂在西岐大军的辕门外。"

宫女的话像一盆冰水泼在纣王身上，纣王彻底从醉酒的状态中清醒过来。他立刻冲到五凤楼上，果然远远地看到三位娘娘的首级，顿时泪如雨下，心如死灰。

这时，午门外传来三声炮响，西岐大军开始进攻皇城了。宫人们吓得东躲西藏，人心惶惶。纣王心知大势已去，长叹一声，迈着步子，经过一间又一间宫室，最后一步一步登上了摘星楼。

当他经过虿盆时，突然刮起一阵怪风，风里夹杂着呜呜咽咽的哭声，有男有女，有老有幼，哭得十分凄惨，让人胆战心寒。

纣王摘星楼自焚

纣王继续往前走，以前被他残害而死的那些鬼魂一个一个都出现在眼前。被炮烙而死的梅伯、赵启对着他大叫："昏君！你也有今天！"
姜王后扯着他的衣服大骂："纣王，你杀妻灭子，断送成汤近六百年江山，有什么脸面去见列祖列宗！"黄妃扯着他的另一只袖子怒骂："昏君！你将我摔得粉身碎骨，你的心是石头做的吗？"黄飞虎的夫人贾氏又上前大骂："昏君！你欺辱臣妻，也配为人君？！"……成百上千的冤魂都来声讨索命，纣王这才意识到，自己竟然害了那么多人。

但事到如今，后悔还有什么用？纣王使劲儿把眼一瞪，那些鬼魂呼啦一下全都散开了。纣王来到摘星楼上，抚摸着栏杆把他的江山最后看了一眼，然后让随从在楼下堆满柴草，并一把火点燃。不一会儿，摘星楼上便升起滚滚浓烟，巨大的火焰借着风势呼呼地四处蔓延。纣王长叹一声："我不听忠臣劝谏，犯下滔天大罪，断送了成汤近六百年的江山，死不足惜！"说着，便在这熊熊大火中，与摘星楼一起化为灰烬。

姜子牙保住纣王之子

伐纣大业终于成功了！

姬发在众人的簇拥下进入王宫，废除了纣王和妲己设下的炮烙、虿盆等酷刑，拆掉了酒池肉林。随后，一行人登上鹿台。看着琳琅满目的琼珍异宝和富丽堂皇的建筑，姬发感叹道："这都是纣王榨取百姓们的血汗建成的啊！有这样的昏君，商朝怎么会不亡呢？"姬发下令，把鹿台上的珍宝都分发给百姓，把皇宫中囤积的粮食送到受灾的地方，帮助灾民们渡过难关。姬发的仁德受到了文武百官和百姓们的纷纷赞扬。

这时，官兵押着一个人走过来，跪在姬发面前说："启禀大王，这个人是纣王的儿子武庚，藏在后宫中，被我们发现了。"

纣王的儿子！诸侯们立刻瞪圆了眼睛，握紧手中的兵器，要杀了他泄恨。姬发急忙阻止说："纣王犯下的错，跟他的儿子没有关系。何况朝中那么多忠心耿耿的大臣劝谏纣王都没有用，一个小孩子又能有什么办法呢？依我之见，就放过武庚，为商朝保留一支血脉吧。"武王的宽容大度令众人深深折服。

武王登基

国不可一日无君。

诸侯们纷纷推举姬发做天下的君主，百姓们也十分拥护。大家一起动手建祭坛，摆香案，欢天喜地为姬发登基做准备。

这天，朝歌城上到王公大臣，下到黎民百姓，个个脸上都喜气洋洋的。大家放下手中的活计，聚集到祭坛边，等待着姬发登基。

吉时一到，姬发在大臣们的簇拥下走上祭坛，端端正正地坐在天子的座位上。自此，一个新的王朝——周朝就建立起来了，姬发成为周朝的开国君主——周武王。文武百官和围观的百姓立刻高呼"万岁"，所有人都为盼来了一位圣明的君主而由衷地感到高兴。

登基典礼结束以后，姬发回到皇宫中，姜子牙说："大王，如今天下已经安定，您该启程回西岐了，还要追封祖先，分封诸侯呢。"

姬发点头表示赞许，问道："应该让谁坐镇朝歌城呢？"

姜子牙说："老臣以为，应该让纣王的儿子武庚留在朝歌，再派两个得力的大臣做监国，一来可以监督武庚，二来可以协助武庚一起治理朝歌。"

姜子牙封神

姬发听了非常高兴，把朝歌的事情安顿好以后，就在姜子牙等臣子的拥护陪同下，启程回西岐了。

然而，姜子牙还有一件大事没完成呢！他沐浴更衣，穿上崭新的道服来到岐山封神台，左手拿着杏黄旗，右手拿着打神鞭，为在这场商纣大战中死去的人一一封神。

黄飞虎——东岳大帝

崇黑虎——南岳大帝

崔英——北岳大帝

蒋雄——西岳大帝

黄天化——炳灵公

土行孙——土府星

邓婵玉——六合星

……

当熟悉的面孔再一次出现在眼前时，姜子牙心中感慨万千。但是，你以为只有伐纣大军中牺牲的英雄豪杰才能封神吗？不，那些反派人物同样也被封神了。比如费仲被封为廉贞星、尤浑被封为卷舌星、申公豹被封为分水大将军……因为神仙也有善恶之分，况且，正是因为有那些人助纣为虐，商纣才会加速灭亡的，所以给他们封神也就合情合理了。

国学大讲堂

姜太公在此，诸神退位

盖房的过程中，上梁的环节尤为重要。以前人们上梁时，会把"姜太公在此，诸神退位"几个字贴在房梁上。这个习俗就是从《封神演义》中来的。姜子牙发现好友宋异人家有一块风水宝地，非常适合建房子。但宋异人说这个地方很诡异，建了几次房子，都莫名其妙地被火烧毁了。后来姜子牙除掉了盘踞在那里的妖怪，宋异人家的房子果然顺顺利利地盖起来了。于是，人们把姜子牙当作了房屋的保护神。

而姜子牙最后虽然没有被封神，却有一把打神鞭，各路神仙都很怕他。因此，人们把"姜太公在此，诸神退位"几个字贴在房梁上，让姜子牙帮他们挡住来搞破坏的恶神小鬼儿们，保佑盖房的时候一切顺利。

周武王为什么把国号定为"周"？

周武王推翻商朝以后，为什么把国号定为"周"呢？答案很简单，因为周武王本来就是周国人。

姬昌的祖父古公亶（dǎn）父是一个部落的首领，他带着族人迁到岐山脚下的周原，部落名称随之改为"周"，后来便有了"周国"。也就是说，姬昌本来就是周国的国君。只不过那时的周国还只是一个小诸侯国，周武王推翻商纣以后，才把"周"定为国号，使"周"变成了一个泱泱大国。

你知道吗？

　　武庚是纣王的儿子，纣王死后，周武王让武庚继续留在朝歌，让管叔、蔡叔和霍叔监督。周武王去世后，管叔和蔡叔联合武庚发动叛乱，历史上称为"三监之乱"。周武王的弟弟周公旦迅速派兵平定叛乱，杀死了武庚和管叔。

1.给加点的字标注正确的读音。

炮烙：_____ 蛊盆：_____

2.根据文章内容，在描述正确的一项后面打"√"，错误的打"×"。

（1）妲己、胡喜媚、琵琶精被斩以后纣王流泪了，说明他是一个善良的人。（　　）

（2）纣王是因为建了鹿台才灭亡的。（　　）

（3）自焚之前，纣王已经认识到了自己的错误。（　　）

3."然而，姜子牙还有一件大事没完成呢！"这句话的作用是_____。

A. 总领全文　　　B. 承上启下　　　C. 总结全文

4.想一想，为什么诸侯们想要杀掉纣王的儿子？你赞成诸侯们的做法吗？为什么？

_____

_____

5.《封神演义》中的神仙都是作者想象出来的，然而，他们身上的亲情、友情以及他们身上展现出来的勇敢坚毅、忠君爱国的品格却是真实的。除了《封神演义》以外，你还读过哪些和神仙有关的故事？用简短的几句话描述一下故事的内容吧。

_____

_____

互动小课堂

1.luò，chài

2.（1）× （2）× （3）√

3.B

4.因为纣王害了很多人，诸侯们对他恨之入骨，要杀死他的儿子泄愤。我不赞成诸侯们的做法，因为犯错的是纣王，接受惩罚的也应该是他，他的儿子是无辜的。我们不能把一个人的错误迁怒到另一个人身上。

5.我读过《西游记》。西游记讲的是孙悟空、猪八戒、沙和尚，保护唐僧去西天取经的故事。